KB205285

도르트 신경

"오직 은혜로 구원"을 말하다

도르트 신경 "오직 은혜로 구원"을 말하다

초판 1쇄 2019년 4월 30일

발 행 인 정창균
지 은 이 도지원
펴 낸 곳 합동신학대학원출판부
주 소 16517 수원시 영통구 광교중앙로 50 (원천동)
전 화 (031)217-0629
팩 스 (031)212-6204
홈페이지 www.hapdong.ac.kr
출판등록번호 제22-1-2호
인 쇄 처 예원프린팅 (031)902-6550
총 판 (주)기독교출판유통 (031)906-9191

ISBN 978-89-97244-65-2 93230
값은 뒷표지에 있습니다.

「이 도서의 국립중앙도서관 출판예정도서목록(CIP)은 서지정보유통지원시스템 홈페이지(http://seoji.nl.go.kr)와 국가자료종합목록시스템(http://www.nl.go.kr/kolisnet)에서 이용하실 수 있습니다. (CIP제어번호 : CIP 2019015932)」

도르트 신경

"오직 은혜로 구원"을 말하다

도지원 지음

합신대학원출판부

목차

발 간 사

2018-2019년은 도르트 총회 400주년이 되는 해입니다. 합동신학대학원대학교는 도르트 총회 400주년을 맞아 도르트 총회와 도르트 신경에 대한 연구와 소개 그리고 한국교회 현실과의 연결에 초점을 맞춘 연구발표 및 학술 강연, 그리고 연구물과 교재출간 등을 목표로 도르트 신경 400주년 프로젝트를 진행하고 있습니다.

도르트 총회는 알미니우스 파가 제기한 구원론의 문제를 다루기 위하여 1618년 11월 13일 - 1619년 5월 9일까지 6개월 동안 총 154회에 걸쳐 네덜란드 도르트에서 열린 중요한 회의입니다. 알미니우스파는 하나님의 절대주권적 은혜에 대항하여 인간의 행위를 강조하며 다섯 가지 항목으로 개혁교회의 구원론에 문제를 제기하였습니다. 유럽 8개 지역과 네덜란드 국내에서 모인 대표들은 이 회의의 결과로 1619년 4월 23일 135-136차 회의에서 도르트 신경을 확정하여 참석한 전회원이 서명하였고 5월 6일에 발표하였습니다. 그리하여 구원에 있어서 하나님의 절대주권적 은혜의 교리를 확고히 하였습니다. 하나님의 은혜가 구원의 시작과 끝이라는 사실을 분명히 한 것입니다. 지금까지 우리가 지켜오는 칼빈주의 5대 교리(TULIP)가 이렇게 해서 확정되었던 것입니다.

이 책은 합신의 도르트 신경 400주년 프로젝트의 일환으로 출간되었습니다. 이 책을 발간하는 궁극적 의도는 한국교회가 도르트 신경의 중요한 내용을 교인들에게 지속적으로 가르칠 수 있도록 실제적인 교재를 제공하려는데 있습니다. 이 책의 저자인 도지원 목사는 합신의 도르트 신경 400주년 프로젝트에 참여하여 본인이 목회하는 교회에서 수개월 동안 도르트 신경 임상교육을 실시하였고, 이 교재는 그 임상교육의 결과이기도 합니다. 우리는 이 교재가 교회 안에서 성경적인 구원의 교리를 지속적으로 가르치는 데 아주 중요한 역할을 할 것으로 확신합니다. 앞으로 유년부 이상의 어린이들에게도 이 내용을 가르칠 수 있도록 교재를 다양하게 제작하여 보급할 계획입니다.

합신은 도르트 신경 400주년 프로젝트로 국내외 학자들이 참여하는 신학대강좌를 개최하는 것은 물론 이 책을 포함하여 두 권의 책을 발간하였으며, 도르트 총회와 신경을 집중적으로 연구한 저술들을 지속적으로 발간할 것입니다. 합신이 도르트 신경 400주년 프로젝트를 거침없이 진행할 수 있었던 배경에는 프로젝트의 공동 디렉터인 이남규 교수와 안상혁 교수의 헌신적인 수고, 그리고 남포교회(최태준 담임목사)와 예수비전교회(도지원 담임목사)의 전적인 기금 지원이 있었음을 함께 밝히며 깊은 감사를 드립니다.

도르트 신경에 전 회원이 서명한 날을 기념하여

2019년 4월 23일

총장 정 창 균

들어가면서

나는 올해 2월 화란 남서부의 도르드레흐트를 방문했다. 400년 전 도르트 총회가 열렸던 교회 앞에 서서 나는 우리의 선배들이 가졌던 진리에 대한 열심을 생각했다. 성경의 가르침을 지키기 위해 그들이 모여 생각하고 토론하고 글로써 정리했을 수고를 상상하며 나는 오늘의 교회가 처한 상황을 떠올리지 않을 수 없었다.

성경의 교리에 충실한 대신 실용주의에 물든 교회가 사회적 지탄을 받는 현실은 당연한 결과일 것이다. 이런 상황에서 필요한 것은 단지 도덕적 개혁이나 제도적 개선이 아니라 성경의 교리에 대한 재발견이다. 성경의 교리를 알고 그에 대한 열심을 회복할 때 교회의 모습은 달라질 것이다. 교회의 진정한 개혁과 부흥은 윤리가 아닌 신학을 문제 삼을 때 일어난다고 하는 것이 종교 개혁의 교훈이다.

이런 점에서 교회가 도르트 신경의 내용을 살펴보는 일은 중요하다. 이 내용은 역사적으로 어떤 문서보다도 하나님의 주권적 은혜에 의한 구원을 잘 보여주기 때문이다. 교인들이 이러한 구원을 이해할 때 그들의 믿음과 삶의 내용이 달라질 것은 분명하다. 하나님께서 교회마다 이 신경을 가르치고 배우려는 관심을 불러일으켜 주시길 기도한다.

사실 내가 이 신경에 대해 관심을 갖게 된 것은 합동신학대학원대학교의 총장님 덕분이다. 처음 제안을 받았을 때는 망설였으나 도르트 신경을 살펴본 후 나는 이 내용을 교회에서 가르쳐야겠다고 마음먹었다. 이렇게 시작된 도르트 신경 공부는 나와 교우들에게 구원의 은혜를 새롭게 하는 시간이 되었다. 정창균 총장님께 감사를 드린다. 그리고 이 책이 나오는데 도움을 주신 안상혁 교수님과 이남규 교수님께도 감사한다. 언제나 나의 설교를 통해 하나님 앞에서 믿음의 반응을 보이려고 힘써 준, 특히 도르트 신경을 배우려고 10주간 주일 오후에 모여 나의 강의에 귀를 기울여 준 예수비전교회 교우들에게 감사한다.

이 책의 활용에 대하여

이 책은 도르트 신경의 본문을 읽고 그 내용을 살피는 데 초점을 맞추고 있습니다. 이를 위해 도르트 신경의 역사적 배경을 간략히 다룬 제1장과 도르트 신경의 이해를 돕기 위한 제2장을 먼저 읽는 것이 좋습니다. 특히 제2장은 도르트 신경 본문을 공부한 후에 총 정리를 위해 다시 읽을 것을 권장합니다.

이 책은 도르트 신경의 본문 가운데 항론파의 잘못된 주장을 반박하는 내용(총 34개 항목)은 제외하고 개혁 신앙의 교리를 설명하는 내용(총 59개 항목)을 싣고 있습니다. 그리고 그 내용은 하나님의 선택과 유기(3회), 그리스도의 죽음과 그를 통한 인간의 구속(1회), 인간의 부패 및 하나님께로의 회심과 그것이 일어나는 방식(2회), 성도의 견인(2회) 등 모두 여덟 번에 나눠 공부할 수 있도록 되어 있습니다.

각 회마다 공부하는 방식은 이렇습니다.

1) 도르트 신경 본문을 한 조씩 읽습니다.
2) 읽은 내용을 정리하여 '요약' 란의 밑줄 친 빈칸을 채웁니다.
3) 각 조의 내용을 깊이 있게 이해하기 위해 '관찰과 탐구' 란의 해당 질문에 답합니다. 이때 필요한 경우 참고 설명(※)을 추가해 놓았습니다.
4) '요약' 란과 '참고 설명' 란의 빈칸과 '관찰과 탐구' 란의 질문에 대한 해답을 맨 뒤에 첨부해 놓았습니다. 그렇지만 해답을 참고하기 전에 먼저 본문을 읽고 스스로 답을 찾아보도록 해야 합니다.
5) '핵심 정리'는 배운 내용의 기억을 돕기 위해 다시 한 번 간단히 정리한 것입니다.
6) 이 과정을 강의나 소그룹으로 진행할 수 있습니다.
7) 도르트 신경을 강해한 다음의 책들로부터 도움을 받을 수 있습니다.

   Pronk, Cornelis. *Expository Sermons on the Canons of Dort.* 황준호 역. 『도르트 신경 강해』. 수원: 그책의사람들, 2012.

Bouwman, Clarence. *Notes on the Canons of Dort.* 손정원 역. 『도르트 신경 해설』. 서울: 솔로몬, 2016.

8) 그 외에도 구원론에 관해 다음의 책들을 참고하면 도움을 받을 수 있습니다.

Hoekema, Anthony A. *Saved by Grace.* 류호준 역. 『개혁주의 구원론』. 서울: 기독교문서선교회, 1990.

Berkhof, Louis. *Systematic Theology.* 이상원 권수경 역. 『벌코프 조직신학』. 서울: 크리스챤다이제스트, 2000.

ACTES

DV

SYNODE

NATIONAL,

Tenu

A DORDRECHT,

l'An CIↃ IↃ CXIIX & XIX.

Ensemble les Jugemens tant des Theologiens Estrangers que de ceux des Provinces Unies des Païs Bas, sur les poincts de doctrine y debattus & controversés.

Mis en François par RICHARD IEAN DE NERÉE.
Ministre de la parole de Dieu.

Avec des Tables & Indices des noms & des matieres generales qui y sont contenues.

A LEYDEN,

Chez ISAAC ELSEVIR, *Imprimeur juré de l'Academie.*

Aux despens de la Compagnie de ceux de Dordrecht.

L'AN CIↃ IↃ C XXIV.

| 배경 그림 : 도르트 신경 초판 표지 |

제1장

알미니안 논쟁과 도르트 신경

도르트 신경은 알미니안 논쟁(1604–1619)의 결과로 만들어진 것이다. 필립 샤프는 알미니안 논쟁에 대해 이렇게 말했다.

> 알미니안 논쟁은 개혁교회에서 가장 중요한 위치를 차지하는 논쟁이다. 이것은 마치 펠라기안 논쟁이나 얀센 논쟁이 로마 가톨릭 교회 안에서 차지하고 있는 위치와도 같다. 알미니안 논쟁 속에서는 신학자와 철학자들의 견해를 계속해서 뒤흔들어 놓았던 문제요 그 당시의 문제이면서 또한 세상 끝날에 이를 때까지의 문제가 될, 하나님의 주권과 인간의 책임과의 관계 문제가 포함되어 있다.[1]

---

1 Philip Schaff, *Creeds of Christendom*, 박일민 역, 『신조학』(서울: 기독교문서선교회, 2000), 157.

이러한 알미니안 논쟁은 야코부스 알미니우스(Jacobus Arminius, 1560-1609) 때문에 시작되었다. 네덜란드에서 태어난 그는 레이든 대학에서 공부했고, 1582년에 제네바로 가서 칼빈의 후계자인 데오도르 베자에게 배웠다. 그 후 암스테르담으로 돌아온 그는 1588년에 목사가 되었고, 1603년 레이든 대학의 신학 교수가 되었다. 이 무렵 그의 주장은 이미 논란을 불러일으키고 있었고, 동료 교수로서 칼빈주의자인 프란시스쿠스 고마루스(Franciscus Gomarus, 1563-1641)와의 논쟁이 1604년부터 본격적으로 시작되었다. 알미니우스는 벨직 신앙고백이나 하이델베르크 요리문답이 말하는 개혁 신앙과 다른 입장을 취했다. 그는 1609년 49세의 나이에 병으로 죽고 말았다.

1610년 알미니우스를 따르던 43명의 목사들은 자신들의 견해를 다섯 항목으로 정리하여 항론서(Remonstrance)를 네덜란드 국회에 제출했다. 이 때문에 그들은 항론파(Remonstrants)로 불리게 되었다. 항론서의 내용은 먼저 벨직 신앙고백에 나타난 칼빈주의의 다섯 가지 조항을 반대한 다음 알미니안주의의 다섯 가지 조항을 주장한 것으로 되어 있다. 그들이 주장한 다섯 가지 조항은 이렇다.

■ **제1조**

하나님은 그의 아들 예수 그리스도 안에서 영원하고 변하지 않는 목적에 의해, 창세 전에, 타락하고 죄 많은 인류 가운데서, 성령의 은혜를 통해서 이 그의 아들 예수를 믿고 이 믿음과 믿음의 순종에서 이 은혜를 통해서 끝까지 인내할 사람들을 그리스도 안에서, 그리스도를 위하여, 그리고 그리스도를 통해서 구원하기로 결정하셨다. 그리고 다른 한편으로 요한복음 3장 36절에 있는 복음의 말씀인 "아들을 믿는 자는 영생이 있고 아들을 순종치 아니하는 자는 영생을 보지 못하고 도리어 하나님의 진노가 그 위에 머물러 있느니라"에 따라, 그리고 성경의 다른 구절들에 따라, 완강하고 믿지 않는 자들을 죄 가운데와 진노 아래 놓아두고, 그리스도로부터 소외된 그들을 정죄하기로 결정하셨다.

■ **제2조**

거기에 따라서, 세상의 구주이신 예수 그리스도는 모든 사람과 각 사람을 위해서 죽으셨고, 그는 그들 모두를 위해서 그의 십자가의 죽음에 의해서 구속과 죄사함을 얻으셨다. 그래도 요한복음 3장 16절의 말씀인 "하나님이 세상을 이처럼 사랑하사 독생자를 주셨으니 이는 저를 믿는 자마다 멸망치 않고 영생을 얻게 하려 하심이니라"와 요한일서 2장 2절 말씀인 "저는 우리 죄를 위한 화목 제물이니 우리만 위할 뿐 아니요 온 세상의 죄를 위하심이라"에 따라 신자 외에는 아무도 이 죄 사함을 실제로 누리지 못한다.

■ **제3조**

사람은, 배교와 죄의 상태에서 자기 스스로 혼자 참으로 선한 어떤 것도(구원하는 믿음같은 것이 현저하게 그렇다) 원하거나 행할 수도 없으므로, 자기 스스로나 자기의 자유의지의 능력으로 구원하는 은혜를 얻지 못한다. 하지만 요한복음 15장 5절에 있는 그리스도의 말씀인 "나를 떠나서는 너희가 아무 것도 할 수 없음이라"에 따라, 어떤 사람이 참으로 선한 것을 바르게 깨닫고, 생각하고, 원하고, 실행하기 위해서는 하나님으로부터 그리스도 안에서, 그의 성령을 통해서 거듭 나서 이해력, 성향, 또는 의지와 그의 모든 능력에서 새롭게 되는 것이 필요하다.

■ 제4조

하나님의 이 은혜는 모든 선한 것의 시작이고 연속이고 완성이어서, 심지어 중생한 사람 스스로 선행하는 또는 돕는, 각성시키는, 뒤따르고 협력하는 은혜 없이는 선한 것을 생각하고, 원하거나 행할 수 없고, 악으로의 어떤 유혹을 견딜 수없다. 그래서 생각할 수 있는 모든 선한 행실이나 활동은 그리스도 안에서 하나님의 은혜로 여겨져야 한다. 그러나 이 은혜의 작동 방식을 고려하면 그것은 불가항력적이지 않은데, 사도행전 7장과 다른 많은 곳에서 많은 사람에 관하여 그들이 성령을 거스른 것으로 기록되어 있기 때문이다.

■ 제5조

참된 믿음에 의해서 그리스도께로 합해지고, 그것으로 그의 생명을 주는 성령에 참여하는 이들은 그것으로 사탄과 죄와 세상과 자기 육신과 싸워서 승리를 얻을 충분한 능력을 갖는다. 그런데 잘 이해되어야 할 것은, 그것이 언제나 성령의 돕는 은혜를 통해서라는 사실, 그리고 예수 그리스도는 모든 시험에서 그의 영을 통해서 그들을 돕고, 그들에게 그의 손을 펴시며, 오직 그들이 싸움을 위한 준

비가 되어 있고, 그의 도움을 구하며, 게으르지 않을 때만 그들을 타락에서 지켜주셔서 그들은 요한복음 10장 28절의 "저희를 내 손에서 빼앗을 자가 없느니라"는 그리스도의 말씀대로, 그 어떤 사탄의 간계나 능력에 의해서 길을 잃게 되거나 그리스도의 손에서 빼앗아질 수 없다는 사실이다. 그러나 그들이 태만해서 그리스도 안에 있는 그들의 생명의 첫 시작을 다시 버리고, 다시 이 악한 세상으로 돌아가고, 그들에게 전달된 거룩한 교리에서 돌아서고, 선한 양심을 잃어버리고, 은혜가 없게 될 수 있는지, 그것은 우리 스스로 우리 마음의 충분한 확신을 갖고 그것을 가르칠 수 있기 전에 성경으로부터 더 상세히 결정되어야 한다.

이 주장은 조건적 선택(1조), 보편적 속죄(2조), 중생의 필요성(3조), 저항할 수 있는 은혜(4조), 불확실한 인내(5조)로 요약된다. 이에 대해 칼빈주의자들 또는 고마루스파에서는 1611년 헤이그에서 열린 알미니안주의자들과의 회담에서 일곱 개의 항목으로 된 반항론서(Counter- Remonstrance)를 제출했다. 이 논쟁은 그 후로도 계속되었고 내란의 위험에까지 이르자 마침내 1617년 네덜란드 국회는 4대 3의 투표 결과로써 도르트(Dort)에서 모이는 총회를 소집하기로 결정했다.

이 총회는 네덜란드 서남부에 위치한 도르드레흐트(Dordrecht/Dort)의 흐로테 교회에서 개회예배를 드린 후 클로베니스돌렌에서 1618년 11월 13일부터 1619년 5월 9일까지 154차례의 공식 회의를 열었다. 여기에는 네덜란드 열 곳의 지역 노회가 파송한 35명의 목사와 18명의 장로, 다섯 개 대학이 파송한 5명의 신학자, 여덟 개 나라에서 온 26명의 신학자 등 총 84명의 대표와 회의를 감독하기 위해 의회가 파송한 18명의 대표가 참석했다. 총회 중에는 에피스코피우스(Simon Episcopius)를 비롯한 항론파를 소환하여 그들의 견해를 듣고 확인했다. 회의에 협조하지 않던 그들은 결국 의장에 의해서 총회에서 쫓겨났다. 회의는 공개로 진행되었으며 4, 5백 명을 수용하는 방청석은 사람들로 붐볐다고 한다.

이처럼 도르트 총회는 네덜란드 개혁 교회의 총회였지만 국제적 성격을 띤다. 이 점에서 도르트 총회는 151명의 대표단이 영국과 스코틀랜드의 신학자로만 구성된 웨스트민스터 총회와 비교된다. 그래서 로버트 갓프리는 이렇게 말했다.

> 그러므로 도르트 신경은 네덜란드 한 국가의 산물이 아니라 세계 개혁교회 공동체에서 모인 지성들의 에큐메니컬한 합의를 대표한다. 도르트 신경은 모든 개혁교회의 교리 표

준문서들 가운데 지방이나 국가의 색채가 가장 옅은 신조이다.[2]

또한 도르트 총회는 참석자들을 놓고 볼 때에도 주목할 만하다. 일찍이 영국의 청교도였던 존 오웬은 이렇게 말했다. "도르트 회의에 참석한 신학자들은 … 유럽의 모든 개혁교회에서 최고의 신학자로 평가받는 인물들이었다."[3] 이것은 필립 샤프가 전해 주는 도르트 총회에 대한 여러 증언 및 평가와도 일치한다.

도르트 총회는 분명히 훌륭한 회의였다. 학식이나 경건함에서 사도 시대 이후의 어떠한 회의보다 뛰어났다. 스위스 교회의 큰 별이었던 브라이팅거(Breitinger)는, 화란 대표들의 지식과 역량의 풍부함에 놀라서 마치 회의에 늘 성령께서 임재해 계신 것 같다고 말하면서, 그 자신도 도르트 회의에

---

2 W. Robert Godfrey, Philip Graham Ryken, Stephen Smallman, *Reformation Sketches and Reformed Faith*, 박응규 역, 『종교개혁과 개혁신앙』 (서울: 크리스찬출판사, 2008), 119-20.

3 Daniel R. Hyde, *Welcome to a Reformed Church: A Guide for Pilgrims*, 김찬영 역, 『개혁교회에 오신 것을 환영합니다』 (서울: 부흥과개혁사, 2012), 48에서 재인용.

> 열심히 참석했다. 팔라티네이트의 대표로 참석했던 스쿨테투스(Scultetus)는 자기가 도르트 총회의 대표가 된 것을 하나님께 감사하면서 이 회의를 어떤 회의들보다도 가장 우수한 회의로 인정했다. 바젤의 대표로 참석했던 마이어(Meyer)는 도르트 총회를 말할 때마다 모자를 벗고 '지극히 거룩한 총회'(Sacrosancta Synodus)라고 말했다. 심지어는 자유로운 사상을 가진 로마 가톨릭 역사가였던 파오로 사르피(Paolo Sarpi)까지도 헤인시우스에게 보낸 편지에서 도르트 총회를 극찬해 마지않았다. 한 세기가 지난 뒤, 뛰어난 화란의 사학자 캄페기우스 비트링가(Campegius Vitringa)는 이렇게 말했다. "이처럼 많은 지식이 한 곳에 모인 것은 예전에 없었던 일이다. 트렌트 회의도 이렇지 못했다."[4]

도르트 신경은 항론서에서 제기된 문제에 대한 답변으로서 작성되었다. 그래서 그 내용은 항론서의 순서에 따라 네 부분으로 된 93개의 항목을 담고 있다. 각 부분이 다루는 교리는 순서대로 하나님의 선택과 유기, 그리스도의 죽음과 그를 통한 인간의 구속, 인간의 부패 및 하나님께로의 회심과 그것이

---

4 Philip Schaff, *Creeds of Christendom*, 박일민 역, 『신조학』 (서울: 기독교문서선교회, 2000), 163.

일어나는 방식, 성도의 견인 등이다. 이렇게 네 부분으로 된 것은 항론서의 3조가 그 자체로는 반대할 것이 없지만 4조와 분리할 수 없는 것이기에 그 둘을 함께 다룬 결과이다.

도르트 신경의 형식은 먼저 개혁 신앙의 교리를 설명하고(총 59개 항목), 그 다음에 항론서의 오류를 반박하는(총 34개 항목) 것으로 되어 있다. 이 때 판단의 기준이 된 것은 오직 하나님의 말씀인 성경이다. 도르트 신경의 서문은 신조를 가리켜 "앞서 말한 다섯 교리에 관하여 하나님의 말씀과 일치하는 참된 견해를 설명하고 하나님의 말씀에 어긋나는 거짓 견해를 거부하는 결정"이라고 밝힌다. 여기에는 이유가 있다. 항론서를 작성한 사람들은 기존의 벨직 신앙고백이나 하이델베르크 요리문답에 이의를 제기했고, 네덜란드 의회는 도르트 총회가 하나님의 말씀만을 근거로 판단하도록 지침을 내렸기 때문이다.

도르트 신경은 흔히 칼빈주의 5대 강령으로 불린다. 그 내용은 무조건적 선택(unconditional election), 제한 속죄(limited atonement), 전적 타락(total depravity), 불가항력적 은혜(irresistible grace), 성도의 견인(perseverance of the saints) 등이다. 이것은 항론서에 답하기 위

한 순서이지만, 논리적인 순서는 전적 타락이 맨 앞에 온다. 그리고 이 순서에 따라 영어 머리글자를 배열하면 TULIP이 된다.

ACTES

DV

SYNODE NATIONAL,

Tenu

A DORDRECHT,

l'An CIↃ IↃ CXIIX & XIX.

Ensemble les Jugemens tant des Theologiens Estrangers que de ceux des Provinces Unies des Pais Bas, sur les poincts de doctrine y debattus & controversés.

Mis en François par RICHARD IEAN DE NERÉE. Ministre de la parole de Dieu.

Avec des Tables & Indices des noms & des matieres generales qui y sont contenues.

A LEYDEN,

Chez ISAAC ELSEVIR, *Imprimeur juré de l'Academie.*

Aux despens de la Compagnie de ceux de Dordrecht.

L'AN CIↃ IↃ C XXIV.

Google

| 배경 그림 : 도르트 신경 초판 표지 |

제2장

도르트 신경의 특징

도르트 신경은 항론서에 대응하여 작성된 것으로서 구원이라는 성경의 중심적 주제를 다룬다. 이 점은 개혁 신앙 전체를 요약한 벨직 신앙고백이나 하이델베르크 요리문답, 그리고 웨스트민스터 신앙고백 등과 다르다.

도르트 신경은 구원을 설명함에 있어서 하나님의 주권적 은혜를 부각시킨다. 싱클레어 퍼거슨은 그 점을 이렇게 묘사한다. "간단히 말해서, 신경의 주제는 고안된 주권적 은혜, 공덕이 된 주권적 은혜, 요구된 그리고 적용된 주권적 은혜, 보존된 주권적 은혜이다."[5] 이와 관련하여 도르트 신경은 몇 가지 중요한 특징을 갖는다.

---

5 Joel R. Beeke and Sinclair B. Ferguson, *Reformed Confessions Harmonized* (Grand Rapids: Baker Books, 1999), xi.

1. 전적 타락의 강조

도르트 신경은 하나님의 주권적 은혜를 부각시키기 위해 인간의 전적 타락을 강조한다. 에롤 헐스는 "타락한 인간은 하나님과 불화 속에 있고, 소망 없이 상실된 상태에 있으며, 스스로 도울 수 없기 때문에 하나님이 주도권을 가지셔야 한다는 결론이 당연히 이끌어져 나온다"[6]고 말한다. 그래서 도르트 신경의 네 부분은 각각 전적 타락과 그 결과에 대한 언급으로 시작한다. 여기서 공통으로 발견되는 논리는 이런 것이다. 인간은 구원을 위해 아무것도 할 수 없으므로, 하나님께서 주권적으로 인간을 구원하신다.

1) 하나님의 선택과 유기를 다루는 첫째 부분은 1조에서 죄로 인해 멸망할 수밖에 없는 인간에 대해 설명한다.

> 모든 사람은 아담 안에서 죄를 지어 저주 아래 있고 영원한 죽음을 받아 마땅하므로, 하나님께서 그들 모두를 멸망하도록 내버려 두시고 그들을 죄로 인해 정죄 받게 하실지라도,

---

6 Erroll Hulse, *Who Saves, God or Me*, 김귀탁 역, 『칼빈주의 기초: 누가 구원하는가 하나님인가 나인가』 (서울: 부흥과개혁사, 2012), 46.

아무런 불의를 행하시는 것은 아니다.

이처럼 인간이 스스로 구원할 수 없는 상태에서 구원을 시작하신 분이 하나님이시다. 그래서 바로 이어서 2조에는 이런 내용이 나온다.

그러나 이렇게 하나님의 사랑이 나타났으니, 그분은 자기의 독생자를 세상에 보내셔서 그를 믿는 자마다 멸망하지 않고 영생을 얻게 하셨다.

2) 그리스도의 죽음과 그로 인한 인간의 구속을 다루는 둘째 부분은 1조에서 인간의 죄에 대해 하나님의 공의가 요구하는 형벌을 언급한다.

하나님은 지극히 자비로우실 뿐 아니라 또한 지극히 공의로우시다. 그분의 공의는 (그분이 말씀에서 자신을 계시하신 대로) 그분의 무한한 위엄을 거슬러 지은 우리의 죄들을, 현세만이 아닌 영원한 벌로, 몸과 영혼에, 반드시 벌할 것을 요구한다. 하나님의 공의가 만족되지 않으면 우리는 이 벌들을 피할 수 없다.

그런 다음, 2조에서 우리가 이룰 수 없는 공의의 만족을 하나님께서 이루신 사실을 말한다.

> 그러나 우리는 스스로 그 만족을 이루거나 우리 자신을 하나님의 진노에서 건져낼 수 없으므로, 하나님은 그분의 무한한 자비로 자기의 독생자를 우리에게 보증으로 주셨고, 그는 우리를 위하여 만족을 이루시려고 십자가에서 우리를 위하여 그리고 우리를 대신하여 죄와 저주가 되셨다.

3) 전적 타락과 그 결과에 대한 구체적 설명은 인간의 부패 및 하나님께로의 회심과 그것이 일어나는 방식을 다루는 셋째 부분에 나온다. 3조는 인간의 전적 타락을 이렇게 설명한다.

> 그러므로 모든 사람은 죄 가운데 잉태되고, 진노의 자녀들로 태어나고, 구원의 선을 행할 능력이 없고, 악으로 기울어져 있고, 죄 가운데 죽었고, 죄의 노예이다. 성령의 중생하게 하시는 은혜가 없이, 그들은 하나님께로 돌아오거나, 그들의 부패한 본성을 개혁하거나, 자신들을 개혁하게 하는 것을 할 수도 없고 원하지도 않는다.

이와 함께 4조와 5조는 인간이 본성의 빛에 의해서나 율법에 의해서 구원에 이를 수 없음을 말한다.

그러나 사람에게는 타락 후에도 본성의 빛이 희미하게 남아 있어, 그것에 의해서 그는 하나님과 자연의 사물들과 선악의 차이에 대한 얼마간의 지식을 갖고 있고, 덕과 외적 질서에 대한 약간의 열의를 나타낸다. 그러나 이 본성의 빛은 사람을 하나님께 대한 구원하는 지식과 그분께로의 회심으로 이끌 수 없고, 그는 그것을 자연과 사회의 일들에조차 바르게 사용할 수 없다. 대신에, 그는 여러 방법으로 이 빛을 그 정확한 특성이 무엇이든 완전히 왜곡시키고, 그것을 불의로 막는다. 그럼으로써 그는 자신을 하나님 앞에 변명할 수 없게 만든다.

본성의 빛에 대한 이러한 진실은 또한 하나님께서 모세를 통해 특별히 유대인들에게 주신 십계명에도 적용된다. 왜냐하면 비록 그것은 죄가 크다는 것을 드러내고, 그로 인해 사람에게 죄를 점점 더 깨닫게 하지만, 치료책을 제시하거나 비참에서 벗어날 힘을 주지 않고, 육신으로 말미암아 연약하여 범죄자를 저주 아래 남겨 두므로, 사람은 이 율법에 의해서 구원하는 은혜를 얻을 수 없다.

그런 다음, 6조는 하나님께서 성령의 능력으로 복음을 통해 구원하시는 것을 말한다.

그러므로 본성의 빛도 율법도 할 수 없는 것을, 하나님은 성령의 능력으로 말씀이나 화해의 사역을 통해 성취하신다. 이것이 메시아에 관한 복음이고, 이것을 통해 하나님은 새 언약뿐 아니라 옛 언약 아래에서 믿는 자들을 구원하시기를 기뻐하셨다.

4) 성도의 견인을 다루는 넷째 부분은 1조에서 중생한 사람들 안에 내재하는 부패성을 말한다.

하나님께서 그분의 목적대로 그분의 아들 우리 주 예수 그리스도와의 교제로 부르시고, 성령에 의해서 중생하게 하신 자들을, 그분은 또한 이 생애에서 죄의 지배와 노예 상태로부터 건지신다. 하지만 그들이 이 세상에 계속 있는 한 죄의 몸과 육신의 연약함으로부터 완전히 건지시는 것은 아니다.

그런 다음, 3조에서는 이러한 부패성 때문에 이룰 수 없는 견인을 하나님께서 이루신다고 말한다.

> 내재하는 죄의 이러한 잔재들과 세상과 사탄의 유혹 때문에, 회심한 사람들은 그들 자신의 힘에 남겨진다면 이 은혜에 계속 서 있을 수 없다. 그러나 하나님은 신실하셔서, 그들에게 한 번 주신 은혜 안에서 그들을 자비롭게 확증하시고 그 안에서 끝까지 그들을 능력 있게 보존하신다.

이처럼 도르트 신경은 인간의 전적 타락을 강조함으로써 하나님의 주권적 은혜를 부각시킨다.

2. 하나님의 주권과 인간의 책임에 관한 균형의 유지

도르트 신경은 인간의 구원에 있어서 하나님의 주권을 강조하면서도 인간의 책임을 배제하지 않는다. 코르넬리스 프롱크는 그 점을 이렇게 설명한다.

> 도르트 신경의 탁월한 점은 도르트의 개혁주의(칼빈주의) 선

조들이 하나님의 절대주권을 부인하는 알미니안주의적인 극단과 인간의 실질적인 책임을 부인하는 하이퍼칼빈주의적인 극단을 거부하면서 성경적인 균형을 유지했다는 사실입니다. 그렇게 함으로써 도르트 신경은 인간의 이성으로는 일치에 이르게 할 수 없는 역설적인 두 가지 강조점들을 하나의 성경적 신학으로 확정했습니다.[7]

1) 선택은 하나님의 주권적인 선하신 기쁘심에 따른 것으로 전적인 은혜이다. 첫째 부분 7조에서는 이렇게 말한다.

선택은 변하지 않는 하나님의 목적인데, 이에 의해서 창세전에 그분은 순전한 은혜로, 그분의 뜻의 주권적인 선하신 기쁘심에 따라, 그들 자신의 잘못을 통해서 원래의 옳은 상태에서 타락해 죄와 멸망에 빠진 모든 인류로부터 일정한 수의 특정한 사람들을 그가 영원부터 중보자와 택하신 자들의 머리와 구원의 근원으로 정하신 그리스도 안에서 구원으로 택하셨다. 본성상 다른 이들보다 나을 게 없고 더 자격이 있는 것도 아니면서 그들과 하나의 공통된 비참에 빠져 있

---

7 Cornelis Pronk, *Synod of Dort*, 마르투스 역, 『도르트 종교회의』 (부천: 마르투스, 2017), 17.

> 던 이 택한 사람들의 수를 하나님께서는 그리스도에게 주시며, 그로 말미암아 구원을 받게 하시며, 그들을 그분의 말씀과 성령에 의해서 그의 교제 가운데로 효과적으로 부르시고 이끄시며, 그들에게 참된 믿음과 칭의와 성화를 주시며, 그분의 아들의 교제 안에서 그들을 능력 있게 보존하셔서 마지막으로 그분의 자비의 나타남과 그분의 영광스러운 은혜의 찬송을 위하여 그들을 영화롭게 하시기로 작정하셨다.

그렇지만 이러한 선택이 믿지 않는 것에 대한 변명이 될 수 없다. 도르트 신경은 하나님의 주권에 의한 선택과 함께 불신에 대한 인간의 책임을 말하기 때문이다. 그 내용이 5조에 나온다.

> 이러한 불신의 원인이나 책임은 다른 모든 죄와 마찬가지로 결코 하나님께 있지 않고 사람 자신에게 있다.

2) 그리스도의 죽음이 지니는 가치는 무한하다(둘째 부분 3조). 그렇지만 이어서 8조에서는 이 죽음의 효력이 특정한(한정된) 사람들에게 미치는 것으로 말한다. 이것은 하나님의 주권적 은혜에서 비롯된 것이다.

이는 그분의 아들의 가장 귀한 죽음이 지닌 살리고 구원하는 효력이 그분이 택하신 모든 자들 안에서 역사하여, 그들에게만 의롭다 하심을 얻는 믿음을 주시고, 그로 인하여 그들을 확실히 구원으로 인도하시는 것이 성부 하나님의 주권적인 계획과 가장 은혜로운 뜻과 의도이기 때문이다. 다시 말하면, 하나님의 뜻은 그리스도께서 십자가의 피를 통해 (이로써 그가 새 언약을 확증한) 모든 백성과 족속과 나라와 방언으로부터 영원 전에 성부에 의해서 구원으로 택함을 받고 그에게 주어진 모든 사람들을, 그리고 오직 그들만을 효과적으로 구속하시는 것, 그가 그들에게 믿음을 주시는 것(성령의 다른 구원하는 선물들처럼 그가 그들을 위하여 그의 죽음으로 획득하신), 그가 원죄와 자범죄, 믿기 전에 지은 것이든 후에 지은 것이든 그들의 모든 죄로부터 그들을 그의 피로 깨끗하게 하시는 것, 그가 그들을 끝까지 신실하게 지키시는 것, 그가 마침내 그들을 자기 앞에 티나 주름잡힌 것이 없이 영광스럽게 세우시는 것이다.

그렇지만 이와 함께 인간의 책임도 강조된다. 왜냐하면 알미니안주의자들은 그리스도께서 믿지 않는 사람들을 위해 죽으시지 않았다면, 그들을 비난할 수 없다고 주장했기 때문이다. 그래서 6조에는 이런 설명이 나온다.

그러나 복음을 통해 부르심을 받은 많은 이들이 회개하지 않고 그리스도를 믿지 않아 불신앙으로 멸망하는데, 이것은 십자가에서 그리스도에 의해서 바쳐진 희생제사에 어떤 흠이나 불충분함이 있기 때문이 아니라, 전적으로 그들 자신의 탓으로 돌려져야 한다.

3) 죄 가운데 죽은 인간은 자신을 구원하기에는 전적으로 무능력하다(셋째 부분 3조). 따라서 죄인의 구원은 하나님의 주권적 은혜로만 가능하다. 그래서 이어지는 10조에서는 회심의 원인이 전적으로 하나님의 주권적 은혜에 있음을 말한다.

그러나 복음에 의해서 부름을 받은 다른 사람들이 그 부름에 순종하여 회심하는 것을 자유의지의 적절한 사용 탓으로 돌려서는 안 된다. 자유의지의 적절한 사용에 의해서 사람은, 교만한 펠라기우스 이단이 주장하듯이, 믿음과 회심을 위해 충분한 은혜를 똑같이 제공 받은 다른 사람들로부터 자신을 구별하지 않는다. 오히려 그것은 전적으로 하나님 탓으로 돌려져야 한다. 하나님은 영원부터 그리스도 안에서 자기 백성을 선택하셔서, 시간 안에서 그들을 효과적으로 부르시고, 그들에게 믿음과 회개를 주시고, 그들을 어두움의 권세로부터 건지시고, 그들을 그의 아들의 나라로 옮기신다.

또한 계속해서 11조와 12조에서는 하나님의 주권적 은혜에 의한 중생을 설명한다.

그러나 하나님께서 택하신 자들 가운데 그의 선하신 기쁨을 성취하시거나 참된 회심을 그들 가운데 역사하실 때, 그분은 복음이 그들에게 외적으로 설교되고 그의 성령으로 그들의 총명을 능력 있게 밝히셔서 그들로 하나님의 성령의 일을 바르게 이해하고 분별할 수 있게 하실 뿐 아니라, 같은 중생하게 하는 영의 효력에 의해서 사람의 가장 깊은 곳까지 침투하게 하신다. 그분은 닫힌 마음을 여시고, 굳은 마음을 부드럽게 하시며, 할례 받지 않은 마음에 할례를 베푸시고, 새로운 자질을 의지에 주입하시고, 지금까지 죽어 있던 의지를 살리시고, 악하고 불순종하고 완고한 의지를 착하고 순종하고 부드러운 것으로 만드시고, 의지를 움직이시고 강하게 하셔서 그것이 좋은 나무처럼 선행의 열매를 맺게 하신다.

이것이 성경에서 그토록 높여 말하고 새 창조라고 일컫는 중생으로 하나님께서 우리의 도움 없이 우리 안에서 일하시는 죽은 자로부터의 부활, 살리심이다. 그러나 이것은 단지 복음의 외적 설교, 도덕적 설득, 또는 하나님께서 그분의 역할을 하신 후에 중생할지 말지, 회심할지 말지가 사람의 능력에 아직 남아 있는 방식에 의해서 일어나는 것은 결코 아니다. 오히려 이것은 명백히 초자연적인 일로서, 가장 강력하고, 동시에 가장 기쁘고, 놀랍고, 신비하고, 말로 표현할 수 없는 것이고, 이 일을 행하시는 분에 의해서 영감된 성경이 말하는 대로 효력에 있어서 창조나 죽은 자로부터의 부활보다 못하지 않은 것이다. 그래서 하나님께서 그들의 마음에 이런 기이한 방식으로 일하시는 모든 사람은 확실히, 틀림없이, 효과적으로 중생하며 실제로 믿는다.

그 결과 14조에서는 믿음 역시 하나님의 주권적 은혜에서 비롯된 것으로 설명한다.

그러므로 믿음은 하나님의 선물로 간주되어야 하는데, 하나님께서 그것을 사람에게 그가 좋아하는 대로 받아들이거나 거부하도록 제공하시기 때문이 아니라, 그것이 실제로 주어지고, 불어넣어지고, 사람 안에 주입되기 때문이다. 더욱, 하나님께서 믿을 능력을 부여하신 다음 그 사람이 자신의 자유의지를 행사함으로써 구원의 협약에 동의하고 그리스도를 실제로 믿기 때문이 아니라, 오히려 사람 안에서 소원을 두고 행하도록 일하시며, 모든 것을 모든 사람 가운데서 이루시는 분이 믿으려는 의지와 믿는 행동을 둘 다 만드시기 때문이다.

그렇지만 이와 함께 인간의 책임도 강조된다. 왜냐하면 알미니안주의자들은 인간이 전적으로 타락했다면, 회심하지 않은 것에 대해 그들에게 책임을 물을 수 없다고 주장했기 때문이다. 그래서 9조에는 이런 내용이 나온다.

복음의 사역을 통해 부름을 받은 자들이 와서 회심하기를 거부하는 것은 복음이나, 그 안에서 제시된 그리스도나, 복음으로 사람들을 부르시고 그들에게 다양한 은사를 주시는 하나님의 잘못이 아니다. 잘못은 그들 자신에게 있다.

4) 성도의 견인은 하나님의 주권적 은혜에 의한 것이다. 넷째 부분 3조에는 이런 내용이 나온다.

> 하나님은 신실하셔서, 그들에게 한 번 주신 은혜 안에서 그들을 자비롭게 확증하시고 그 안에서 끝까지 그들을 능력 있게 보존하신다.

그렇지만 신자들은 견인을 위해 방편을 사용할 책임이 있다. 왜냐하면 하나님은 견인의 은혜를 베푸실 때 방편을 사용하여 일하시기를 기뻐하시기 때문이다. 여기에 대해 14조는 이렇게 말한다.

> 하나님은 복음의 선포로써 이 은혜의 사역을 우리 안에 시작하시기를 기뻐하셨던 것처럼, 그분은 그분의 말씀을 듣고 읽음으로써, 그것을 묵상함으로써, 말씀의 권고들과 위협들과 약속들로써, 뿐만 아니라 성례의 사용으로써 그 사역을 보존하시고, 지속하시고, 완성하신다.

이처럼 도르트 신경은 인간의 구원에 있어서 하나님의 주권과 인간의 책임에 관한 균형을 유지한다.

3. 하나님의 인자와 엄위의 구분

도르트 신경은 하나님께서 택하신 자들과 택하심을 받지 못한 자들을 다루시는 방식의 차이를 주의 깊게 구분한다. 사도 바울은 그 차이를 인자와 엄위(준엄하심)라는 말로 표현했다. "그러므로 하나님의 인자와 엄위를 보라 넘어지는 자들에게는 엄위가 있으니 너희가 만일 하나님의 인자에 거하면 그 인자가 너희에게 있으리라 그렇지 않으면 너도 찍히는바 되리라"(롬 11:22).

1) 하나님의 선택과 유기를 말하는 첫째 부분에서 이 차이는 처음 5조에서 언급된다.

이러한 불신의 원인이나 책임은 다른 모든 죄와 마찬가지로 결코 하나님께 있지 않고 사람 자신에게 있다. 반면에 예수 그리스도를 믿는 믿음과 그를 통한 구원은 하나님의 값없는 선물이다.

그런데 이러한 불신과 믿음의 결과를 가져오는 근본 원인은 하나님 안에 있다. 그것이 선택과 유기의 작정이다. 여기에 대해 설명하는 6조에서는 하나님께서 택하신 자들과 택하심을 받지 못한 자들을 다루시는 방식의 차이를 구분한다.

> 어떤 이들은 시간 속에서 하나님으로부터 믿음의 선물을 받고, 다른 이들은 그것을 받지 못하는 것은 하나님의 영원한 작정에서 나온다 … 이 작정에 따라 그분은 **은혜롭게** 택하신 자들의 마음이 아무리 완고해도 부드럽게 하시며, 그들로 믿음으로 기울게 하시지만, 그분은 택하심을 받지 못한 자들을 **그분의 공의로우신 심판에서** 그들 자신의 악함과 완고함 가운데 내버려 두신다. 그리고 여기에서 똑같이 파멸에 연루된 사람들 사이에 깊으시고 자비로우시며 동시에 의로우신 식별이 특별히 나타난다. 이것이 하나님의 말씀에 계시된 선택과 유기의 작정이다.

이러한 차이는 13조에서도 나타난다.

> 이 선택에 대한 깨달음과 확신은 하나님의 자녀들에게 그분 앞에서 매일 겸비하며, 그분의 **자비**의 깊이를 찬송하며, 그들 자신을 정결하게 하며, 먼저 그토록 **큰 사랑**을 그들에게 보여 주신 그분께 감사함으로 열렬한 사랑을 돌려 드릴

더 큰 이유를 제공한다. 이 선택의 교리를 숙고하는 것은 하나님의 계명을 지키는 데 나태하게 하거나 사람들을 육적인 안심에 빠지게 하는 것과는 거리가 먼데, 이것들은 하나님의 공의로우신 심판 가운데 택하신 자들의 길로 행하기를 거부하는 자들에게서 분별없는 가정이나 선택의 은혜에 대한 쓸데없고 뻔뻔스러운 이야기의 결과로 보통 일어난다.

또한 이러한 차이는 유기의 작정을 설명하는 15조와 18조에서 다시 나타난다.

영원하고도 자격이 없는 자에게 주어지는 선택의 은혜를 우리에게 특별히 보여 주고 권하는 경향이 있는 것은, 모든 사람이 아닌 어떤 사람들만 선택을 받고 다른 사람들은 영원한 작정에 의해서 지나쳐 버리심을 받는다는 성경의 분명한 증언이다. 하나님께서는 그들을 그분의 주권적이시고 가장 공의로우시고 흠잡을 데 없으시고 변하지 않으시는 선하신 기쁨에서 스스로 자신들을 던져 넣은 공통의 비참 가운데 남겨 두시기로, 그리고 그들에게 구원하는 믿음과 회심의 은혜를 베푸시지 않기로, 그러나 그분의 공의로우신 심판에 의해서 그들이 그들 자신의 길을 따르도록 허용함으로써 마침내 그분의 공의

의 선포를 위해서 그들의 불신 때문만이 아니라 그들의 다른 모든 죄 때문에 그들을 정죄하고 영원히 멸하기로 작정하셨다. 이것이 유기의 작정인데, 이것은 결코 하나님을 죄의 조성자로 만들지 않으며(진짜 신성모독인 생각), 오히려 하나님을 두려우시며, 흠잡을 데 없으시며, 의로우신 심판자와 보응하시는 분으로 선포한다.

선택의 값없는 은혜와 **유기의 공의로우신 엄위**에 대하여 불평하는 자들에게 우리는 사도와 함께 답한다. "이 사람아 네가 뉘기에 감히 하나님을 힐문하느뇨"(롬 9:20). 그리고 우리 구주의 말씀을 인용한다. "내 것을 가지고 내 뜻대로 할 것이 아니냐 내가 선하므로 네가 악하게 보느냐"(마 20:15). 그러므로 이 신비에 대해 거룩하게 경배하면서 우리는 사도의 말로 외친다. "깊도다 하나님의 지혜와 지식의 부요함이여, 그의 판단은 측량치 못할 것이며 그의 길은 찾지 못할 것이로다. 누가 주의 마음을 알았느뇨. 누가 그의 모사가 되었느뇨. 누가 주께 먼저 드려서 갚으심을 받겠느뇨. 이는 만물이 주에게서 나오고 주로 말미암고 주에게로 돌아감이라. 영광이 그에게 세세에 있으리로다 아멘"(롬 11:33-36).

2) 그리스도의 죽음과 그로 인한 인간의 구속을 다루는 둘째 부분에서 하나님의 인자와 엄위가 나타나는 곳은 6조와 7조이다.

그러나 복음을 통해 부르심을 받은 많은 이들이 회개하지 않고 그리스도를 믿지 않아 불신앙으로 멸망하는데, 이것은 십자가에서 그리스도에 의해서 바쳐진 희생제사에 어떤 흠이나 불충분함이 있기 때문이 아니라, 전적으로 그들 자신의 탓으로 돌려져야 한다.

그러나 참되게 믿고, 그리스도의 죽음을 통해 죄와 멸망에서 건짐을 받고 구원을 받은 사람들에게, 이 혜택은 오직 영원부터 그리스도 안에서 그들에게 주어진 하나님의 은혜로 말미암는데, 하나님은 누구에게도 이 은혜를 빚지지 않으신다.

따라서 어떤 사람들이 멸망하는 것은 당연한 일이지만, 다른 사람들이 구원을 받는 것은 당연한 일이 아니라 놀라운 일이다! 이로써 구원을 받는 사람들은 하나님을 찬송하지 않을 수 없다.

3) 인간의 부패 및 하나님께로의 회심과 그것이 일어나는 방식을 다루는 셋째 부분에서 하나님의 인자와 엄위가 나타나는 곳은 7조이다.

하나님은 그의 뜻의 이 비밀을 구약에서는 적은 수에게만 드러내셨고, 여러 민족들 사이의 구별이 없어진 신약에서는 그가 민족의 어떤 구별도 없이 많은 사람에게 자신을 나타내셨다. 이 차이의 원인은 한 민족이 다른 민족 보다 더 가치가 있거나 그들이 본성의 빛을 더 잘 사용해서가 아니라, 전적으로 **하나님의 주권적인 선하신 기쁨과 값없는 사랑**의 결과이다. 그러므로 그토록 위대하고 은혜로운 복을, 그들의 공적 이상으로 또는 그들의 결함에도 불구하고 받은 사람들은 겸손하고 감사하는 마음으로 이것을 인정해야 하고, 이 은혜를 받지 못한 사람들에게 나타내신 **하나님의 심판의 엄위와 공의**를 사도와 함께 찬송해야 하며 호기심으로 캐내려 해서는 안 된다.

그리고 이어서 9조와 10조에는 각각 하나님의 엄위와 하나님의 인자에 대한 설명이 나타난다.

복음의 사역을 통해 부름을 받은 자들이 와서 회심하기를 거부하는 것은 복음이나, 그 안에서 제시된 그리스도나, 복음으로 사람들을 부르시고 그들에게 다양한 은사를 주시는 하나님의 잘못이 아니다. 잘못은 그들 자신에게 있다.

그러나 복음에 의해서 부름을 받은 다른 사람들이 그 부름에 순종하여 회심하는 것을 자유의지의 적절한 사용 탓으로 돌려서는 안 된다 … 오히려 그것은 전적으로 하나님 탓으로 돌려져야 한다. 하나님은 영원부터 그리스도 안에서 자기 백성을 선택하셔서, 시간 안에서 그들을 효과적으로 부르시고, 그들에게 믿음과 회개를 주시고, 그들을 어두움의 권세로부터 건지시고, 그들을 그의 아들의 나라로 옮기신다. 이는 그들로 그들을 어두움에서 불러내어 그의 기이한 빛에 들어가게 하신 분을 찬송하게 하고, 여러 곳에 있는 사도들의 증언대로 그들 자신이 아니라 주를 영화롭게 하기 위함이다.

따라서 어떤 사람들이 복음을 듣고도 회심하지 않고 멸망한다면, 그것은 당연한 일이다. 그렇지만 다른 사람들이 복음을 듣고 회심하여 구원을 받는다면, 그것은 당연한 일이 아니라 놀라운 일이다! 이로써 회심한 사람들은 하나님을 찬송하지 않을 수 없다.

ACTES
DV
SYNODE
NATIONAL,
Tenu
A DORDRECHT,
l'An CIↃ IↃ C XIIX & XIX.

Ensemble les Jugemens tant des Theologiens Estrangers que de ceux des Provinces Unies des Païs Bas, sur les poincts de doctrine y debattus & controversés.

Mis en François par RICHARD IEAN DE NEREE. Ministre de la parole de Dieu.

Avec des Tables & Indices des noms & des matieres generales qui y sont contenues.

A LEYDEN,
Chez ISAAC ELSEVIR, *Imprimeur juré de l'Academie.*
Aux despens de la Compagnie de ceux de Dordrecht.
L'AN CIↃ IↃ C XXIV.

| 배경 그림 : 도르트 신경 초판 표지 |

제3장

The Canons of Dort

도르트 신경 5대 교리[8]

8 이 신경의 원래 제목은 "네덜란드에서 논쟁이 된 교리의 다섯 가지 주요 항목에 관한 도르트 총회의 결정"이다.

1

첫째 교리

하나님의 선택과 유기 (1)

요 약

1조 · 2조 · 3조 · 4조 · 5조 · 6조

■ 각조의 내용을 읽고 요약해 봅시다.

❶ **1조** : 인간의 ________와 멸망

❷ **2조** : 하나님의 사랑과 ______

❸ **3조** : ______과 복음 전파자들

❹ **4조** : 하나님의 ______와 ______의 선물

❺ **5조** : 불신과 믿음의 ______

❻ **6조** : ______과 ______의 작정

1조

모든 사람은 아담 안에서 죄를 지어 저주 아래 있고 영원한 죽음을 받아 마땅하므로, 하나님께서 그들 모두를 멸망하도록 내버려 두시고 그들을 죄로 인해 정죄 받게 하실지라도, 아무런 불의를 행하시는 것은 아니다. 이것은 사도의 말에 따른 것이다. "이는 모든 입을 막고 온 세상으로 하나님의 심판 아래 있게 하려 함이니라"(롬 3:19). 그리고 23절 "모든 사람이 죄를 범하였으매 하나님의 영광에 이르지 못하더니." 그리고 "죄의 삯은 사망이요"(롬 6:23).

2조

그러나 이렇게 하나님의 사랑이 나타났으니, 그분은 자기의 독생자를 세상에 보내셔서 그를 믿는 자마다 멸망하지 않고 영생을 얻게 하셨다(요일 4:9; 요 3:16).

■ 1조

가. 도르트 신경은 어디에서 시작합니까?

하나님의 선택과 유기입니까?

아니면 인간의 죄와 멸망입니까?

나. 이것을 로마서와 비교해 봅시다.

로마서에서 선택과 예정을 말한 곳은 _______장이고,

인간의 죄와 멸망을 말한 곳은 _______장입니다.

다. 1조에서 자주 등장하는 말은 무엇입니까?

하나님의 구원은 어디에서 시작됩니까?

라. "모든 사람은 아담 안에서 죄를 지어 저주 아래 있고 영원한 죽음을 받아 마땅하므로"는 무슨 뜻입니까?

(창 1:28; 롬 5:12)

■ 2조

마. 1조 다음에 2조가 오는 논리적 이유는 무엇입니까?

3조

그리고 사람들이 믿음으로 이끌리도록, 하나님께서 자비롭게 그분이 원하시는 사람들에게 그분이 기뻐하시는 때에 이 가장 기쁜 소식의 전파자들을 보내신다. 이들의 사역에 의하여 사람들은 회개와 십자가에 못 박힌 그리스도에 대한 믿음으로 부름을 받는다. "그런즉 저희가 믿지 아니하는 이를 어찌 부르리요 듣지도 못한 이를 어찌 믿으리요 전파하는 자가 없이 어찌 들으리요 보내심을 받지 아니하였으면 어찌 전파하리요" (롬 10:14-15).

■ **3조**

바. 하나님이 복음 전파자들을 보내시는 방식은 어떤 것입니까?

4조

하나님의 진노가 이 복음을 믿지 아니하는 자들 위에 머물러 있다. 그러나 복음을 받아들이고, 참되고 살아 있는 믿음으로 구주 예수를 영접하는 사람들은 그에 의해서 하나님의 진노와 멸망에서 건짐을 받고 영생의 선물이 주어진다.

5조

이러한 불신의 원인이나 책임은 다른 모든 죄와 마찬가지로 결코 하나님께 있지 않고 사람 자신에게 있다. 반면에 예수 그리스도를 믿는 믿음과 그를 통한 구원은 하나님의 값없는 선물이다. 이것은 기록된 대로이다. "너희가 그 은혜를 인하여 믿음으로 말미암아 구원을 얻었나니 이것이 너희에게서 난 것이 아니요 하나님의 선물이라"(엡 2:8). "그리스도를 위하여 너희에게 은혜를 주신 것은 다만 그를 믿을 뿐 아니라"(빌 1:29).

■ **4조**

사. 전파자들을 통한 부름에 대한 두 가지 반응과 그 결과는 무엇입니까? (요 3:36; 행 28:24; 고후 2:15-16)

■ **5조**

아. 불신의 원인은 ________에게 있고(사 30:9, 15; 눅 13:34; 요 5:39-40), 믿음의 원인은 ________께 있다.

6조

어떤 이들은 시간 속에서 하나님으로부터 믿음의 선물을 받고, 다른 이들은 그것을 받지 못하는 것은 하나님의 영원한 작정에서 나온다. 왜냐하면 "하나님의 모든 일은 영원부터 그에게 알려져 있기"(행 15:18; 엡 1:11) 때문이다. 이 작정에 따라 그분은 은혜롭게 택하신 자들의 마음이 아무리 완고해도 부드럽게 하시며, 그들로 믿음으로 기울게 하시지만, 그분은 택하심을 받지 못한 자들을 그분의 공의로우신 심판에서 그들 자신의 악함과 완고함 가운데 내버려 두신다. 그리고 여기에서 똑같이 파멸에 연루된 사람들 사이에 깊으시고 자비로우시며 동시에 의로우신 식별이 특별히 나타난다. 이것이 하나님의 말씀에 계시된 선택과 유기의 작정이다. 이 작정을 패역하고 더러우며 불안정한 사람들은 왜곡하여 그들 자신의 파멸에 이르지만, 이 작정은 거룩하고 경건한 영혼들에게 말할 수 없는 위로를 제공한다.

■ 6조

자. 이런 차이가 생기는 근본 원인은 무엇입니까?

(행 13:46, 48; 딛 1:1)

※__________ = 선택 + 유기

차. 하나님이 택하신 자들과 택하심을 받지 못한 자들을 다루시는 방식의 차이는 무엇입니까?

이것이 주는 위로는 무엇입니까?

핵심 정리

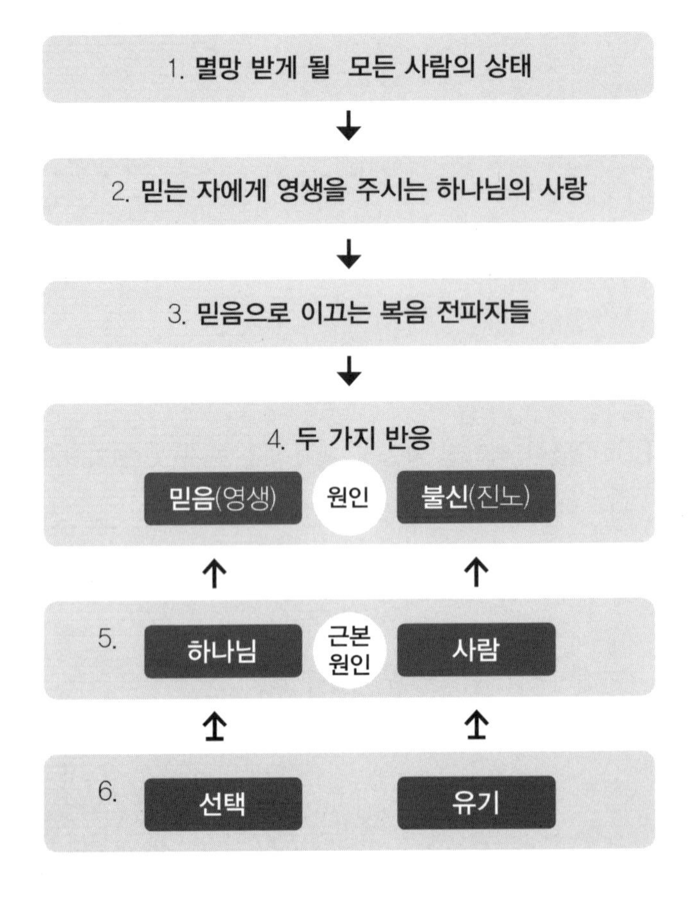

1. 멸망 받게 될 모든 사람의 상태
2. 믿는 자에게 영생을 주시는 하나님의 사랑
3. 믿음으로 이끄는 복음 전파자들
4. 두 가지 반응
믿음(영생)
원인
불신(진노)
5.
하나님
근본 원인
사람
6.
선택
유기

· **고마루스** Francisus Gomarus

1

첫째 교리

하나님의 선택과 유기 (2)

요 약

7조 · 8조 · 9조 · 10조 · 11조 · 12조 · 13조 · 14조

● 각조의 내용을 읽고 요약해 봅시다.

❶ **7조** : ________으로의 선택

❷ **8조** : 선택에 대한 ________의 작정

❸ **9조** : 선택의 ________

❹ **10조** : 선택의 ________

❺ **11조** : ________ 선택

❻ **12조 :** 선택의 ________을 통한 선택의 ________

❼ **13조 :** 선택의 확신이 주는 ________

❽ **14조 :** ________에서 공포되어야 하는 선택 교리

7조

선택은 변하지 않는 하나님의 목적인데, 이에 의해서 창세 전에 그분은 순전한 은혜로, 그분의 뜻의 주권적인 선하신 기쁘심에 따라, 그들 자신의 잘못을 통해서 원래의 옳은 상태에서 타락해 죄와 멸망에 빠진 모든 인류로부터 일정한 수의 특정한 사람들을 그가 영원부터 중보자와 택하신 자들의 머리와 구원의 근원으로 정하신 그리스도 안에서 구원으로 택하셨다. 본성상 다른 이들보다 나을 게 없고 더 자격이 있는 것도 아니면서 그들과 하나의 공통된 비참에 빠져 있던 이 택한 사람들의 수를 하나님께서는 그리스도에게 주시며, 그로 말미암아 구원을 받게 하시며, 그들을 그분의 말씀과 성령에 의해서 그의 교제 가운데로 효과적으로 부르시고 이끄시며, 그들에게 참된 믿음과 칭의와 성화를 주시며, 그분의 아들의 교제 안에서 그들을 능력 있게 보존하셔서 마지막으로 그분의 자비의 나타남과 그분의 영광스러운 은혜의 찬송을 위하여 그들을 영화롭게 하시기로 작정하셨다. 이것은 기록된 대로이다. "곧 창세 전에 그리스도 안에서 우리를 택하사 우리로 사랑 안에서 그 앞에 거룩하고 흠이 없게 하시려고 그 기쁘신 뜻대로 우리를 예정하사 예수 그리스도로 말미암아 자기의 아들들이 되게 하셨으니 이는 그의 사랑하시는 자 안에서 우리에게 거저 주시는 바 그의 은혜의 영광을 찬미하게 하려는 것이라"(엡 1:4-6). 또한 다른 곳에서 "미리 정하신 그들을 또한 부르시고 부르신 그들을 또한 의롭다 하시고 의롭다 하신 그들을 또한 영화롭게 하셨느니라"(롬 8:30).

관찰 & 탐구

■ **7조**

가. 선택의 정의를 말해 봅시다.

나. 이 때 "그리스도 안에서 구원으로 택하셨다"는 말의 의미는 무엇입니까?

8조

다양한 선택의 작정이 아니라, 구약과 신약 아래에서 구원 받을 모든 사람에 대한 하나의 동일한 작정이 있다. 왜냐하면 성경은 하나님의 뜻의 선하신 기쁘심, 목적, 계획이 하나이며, 그것에 따라 그분은 영원부터 우리를 은혜와 영광으로, 구원과 우리가 그 가운데서 행하도록 그가 예비하신 구원의 길로 선택하셨다고 선포하기 때문이다.

9조

이 선택은 그것을 좌우하는 필요한 원인이나 조건으로서 예견된 믿음, 믿음의 순종, 거룩함, 또는 사람 안에 있는 어떤 다른 선한 자질이나 성향에 기초하지 않았다. 오히려 사람들은 믿음, 믿음의 순종, 거룩함 등을 위해서 선택된 것이다. 따라서 선택은 모든 구원하는 선의 원천인데, 그로부터 믿음, 거룩함, 그리고 다른 구원하는 은사들, 그리고 최종적으로 영생 자체가 선택의 열매와 결과로서 흘러나온다. 이것은 사도의 말에 따른 것이다. "우리를 택하사 우리로 사랑 안에서 그 앞에 거룩하고 흠이 없게 하시려고(우리가 그렇기 때문이 아니라)"(엡 1:4).

●선택에 대한 다양한 작정

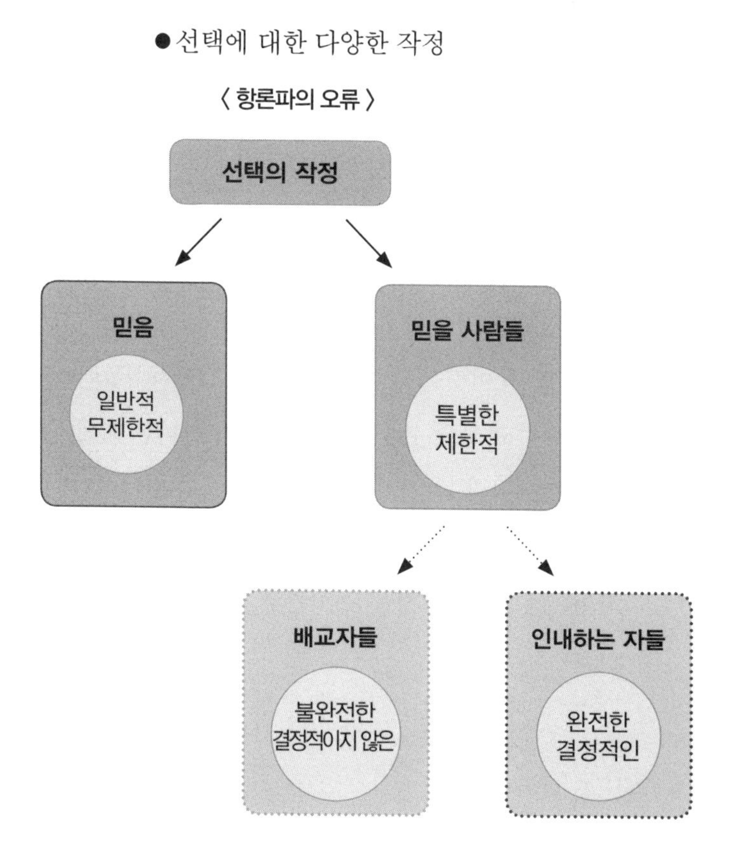

■ **9조**

다. 믿음과 인내는 선택의 원인(조건)입니까?

결과(열매)입니까?

10조

하나님의 선하신 기쁘심은 이 은혜로운 선택의 유일한 원인이다. 이것은 사람들의 모든 가능한 자질들과 행위들 중에서 하나님께서 어떤 것들을 구원의 조건으로 선택하신 데 있지 않고, 오히려 그분이 공통된 죄인의 무리 중에서 어떤 특정한 사람들을 자기의 특별한 백성으로 삼는 것을 기뻐하셨다는 데 있다. 이것은 기록된 대로이다. "그 자식들이 아직 나지도 아니하고 무슨 선이나 악을 행하지 아니한 때에 … 리브가에게 이르시되 큰 자가 어린 자를 섬기리라 하셨나니 기록된 바 내가 야곱은 사랑하고 에서는 미워하였다 하심과 같으니라"(롬 9:11-13). "영생을 주시기로 작정된 자는 다 믿더라"(행 13:48).

■ 10조

라. 선택의 원인은 하나님의 선하신 __________인데, 그것은 __________을 구원의 조건으로 선택하신 데 있지 않고, 특정한 ________을 구원으로 선택하신 데 있다(시 135:4).

11조

그리고 하나님 자신께서 가장 지혜로우시고, 변하지 않으시고, 전지하시고 전능하신 것처럼, 그분에 의해서 이루어진 선택은 중단되거나 변하거나, 취소 또는 폐지될 수 없다. 택하신 자들이 버림을 받거나 그들의 수가 감소될 수 없다.

12조

택하신 자들은 적당한 때에, 비록 다양한 정도와 다른 방법으로이긴 하지만 그들의 영원하고 변하지 않는 선택에 대한 확신을 얻게 되는데, 하나님의 감추어진 깊은 것들을 호기심으로 파고듦으로써가 아니라, 그리스도에 대한 참된 믿음, 자녀로서의 경외심, 죄에 대한 경건한 슬픔, 의에 주리고 목말라함 등과 같이 하나님의 말씀에서 지적된 틀림없는 선택의 열매들을 그들 자신 안에서 영적인 기쁨과 거룩한 즐거움을 갖고 관찰함으로써이다.

■ **11조**

마. 선택이 변하지 않는 이유는 누구에게 있습니까?

하나님입니까? 사람입니까?

■ **12조**

바. 선택의 확신은 가능합니까? (벧후 1:10)

또한 사람마다 어떤 차이가 있습니까?

사. 선택의 확신은 어떻게 얻게 됩니까?

(살전 1:3–4; 벧후 1:5–10)

13조

이 선택에 대한 깨달음과 확신은 하나님의 자녀들에게 그분 앞에서 매일 겸비하며, 그분의 자비의 깊이를 찬송하며, 그들 자신을 정결하게 하며, 먼저 그토록 큰 사랑을 그들에게 보여 주신 그분께 감사함으로 열렬한 사랑을 돌려 드릴 더 큰 이유를 제공한다. 이 선택의 교리를 숙고하는 것은 하나님의 계명을 지키는 데 나태하게 하거나 사람들을 육적인 안심에 빠지게 하는 것과는 거리가 먼데, 이것들은 하나님의 공의로우신 심판 가운데 택하신 자들의 길로 행하기를 거부하는 자들에게서 분별없는 가정이나 선택의 은혜에 대한 쓸데없고 뻔뻔스러운 이야기의 결과로 보통 일어난다.

■ 13조

아. 선택의 확신이 주는 유익은 무엇입니까?

14조

이 하나님의 선택 교리가 하나님의 가장 지혜로운 뜻에 의해서 구약과 신약의 선지자들과 그리스도 자신과 사도들에 의해서 선포되었고, 성경에 명백하게 계시된 것처럼, 하나님의 교회를 위하여 특별히 의도된 선택 교리는 오늘날도 하나님의 교회에서 분별의 영으로, 경건하고 거룩한 방식으로, 적절한 때와 장소에서, 지극히 높으신 분의 길을 호기심으로 캐려하지 않고, 하나님의 가장 거룩한 이름의 영광을 위하여, 또한 그분의 백성의 살아 있는 위로를 위하여 공포되어야 한다.

■ 14조

자. 선택은 교회에서 어떤 방식으로 공포되어야 합니까?

차. 선택은 어떻게 하나님의 영광과 교회의 위로가 됩니까?

핵심 정리

7. 선택의 정의

· 창세 전에 주권적 선하신 기쁘심에 따라 일정한 수의 특정한 사람들을 그리스도 안에서 구원으로

8. 선택에 대한 하나의 작정

· 은혜와 영광으로 구원과 구원의 길로

9. 선택의 결과

· 모든 구원하는 선: 믿음, 거룩함, 다른 구원하는 은사들, 영생

10. 선택의 원인

· 하나님의 선하신 기쁘심

11. 변하지 않는 선택

· 변하지 않으시는 하나님

12. 선택의 확신

· 선택의 열매들을 통해서

13. 선택의 확신이 주는 유익

· 겸비, 찬송, 정결, 사랑

14. 교회에서 공포되어야 하는 선택 교리

· 하나님의 영광과 교회의 위로를 위하여

· **알미니우스** Jacob Arminius

1

첫째 교리

하나님의 선택과 유기 (3)

요 약

15조 · 16조 · 17조 · 18조

● 각조의 내용을 읽고 요약해 봅시다.

❶ **15조:** ______의 작정

❷ **16조:** 유기에 대한 세 가지 ______

❸ **17조:** ______의 선택과 구원

❹ **18조:** 선택과 유기에 대한 ______

15조

영원하고도 자격이 없는 자에게 주어지는 선택의 은혜를 우리에게 특별히 보여 주고 권하는 경향이 있는 것은, 모든 사람이 아닌 어떤 사람들만 선택을 받고 다른 사람들은 영원한 작정에 의해서 지나쳐 버리심을 받는다는 성경의 분명한 증언이다. 하나님께서는 그들을 그분의 주권적이시고 가장 공의로우시고 흠잡을 데 없으시고 변하지 않으시는 선하신 기쁘심에서 스스로 자신들을 던져 넣은 공통의 비참 가운데 남겨 두시기로, 그리고 그들에게 구원하는 믿음과 회심의 은혜를 베푸시지 않기로, 그러나 그분의 공의로우신 심판에 의해서 그들이 그들 자신의 길을 따르도록 허용함으로써 마침내 그분의 공의의 선포를 위해서 그들의 불신 때문만이 아니라 그들의 다른 모든 죄 때문에 그들을 정죄하고 영원히 멸하기로 작정하셨다. 이것이 유기의 작정인데, 이것은 결코 하나님을 죄의 조성자로 만들지 않으며 (참으로 신성모독인 생각), 오히려 하나님을 두려우시며, 흠잡을 데 없으시며, 의로우신 심판자와 보응하시는 분으로 선포한다.

■ **15조**

가. 유기를 말하는 성경구절들을 찾아봅시다.

(살전 5:9; 벧전 2:8; 유 4; 롬 9:17-18)

나. 유기의 소극적인 면과 적극적인 면은 무엇입니까?

16조

그리스도에 대한 살아 있는 믿음, 영혼의 확고한 확신, 양심의 평안, 자녀로서 순종하려는 진지한 노력, 그리스도를 통하여 하나님께 영광을 돌리는 것 등이 그들 안에서 효과적으로 이루어진 것을 아직 경험하지 못했지만, 그럼에도 불구하고 하나님께서 이러한 은혜들을 우리 안에서 역사하시기 위하여 정하신 수단들을 계속해서 사용하는 사람들은, 유기에 대한 언급에 놀라거나 자신들을 유기된 자들로 평가하지 말고, 오히려 수단들을 계속해서 부지런히 사용하며, 간절한 바람으로 풍성한 은혜의 때를 경건하고 겸손하게 기다려야 한다. 하나님께로 돌아가고, 그분만을 기쁘시게 하며, 사망의 몸에서 건짐 받기를 진정으로 바라지만, 아직 그들이 갈망하는 거룩함과 믿음의 정도에 이를 수 없는 사람들은 유기 교리에 의해서 두려워 할 이유가 훨씬 적다. 왜냐하면 자비로우신 하나님께서 꺼져 가는 등불을 끄지 않고 상한 갈대를 꺾지 않겠다고 약속하셨기 때문이다. 그러나 이 교리는 하나님과 구주 예수 그리스도와 상관없이 자신들을 세상의 염려와 육신의 즐거움에 전적으로 내어 주는 사람들에게, 그들이 진정으로 하나님께로 돌이키지 않는 한, 마땅히 두려운 것이다.

■ 16조

다. 여기에 나타난 세 부류의 사람들을 구분해 봅시다.

라. 그들 각각에게 요구되는 반응은 무엇입니까?

17조

우리는 하나님의 뜻을, 신자들의 자녀들은 본성으로가 아니라 그들이 부모들과 함께 포함된 은혜 언약 덕택으로 거룩하다고 증거하는 그분의 말씀으로부터 판단해야 하기 때문에, 경건한 부모들이 하나님께서 유아기에 이 생애에서 불러 가시길 기뻐하신 그들의 자녀들의 선택과 구원을 의심할 이유는 없다.

■ 17조

마. 이것은 신자들의 자녀들에 대해서만 말합니다.
그 이유는 무엇입니까?
그러면 다른 자녀들에 대해서 우리는 어떻게 생각해야 합니까?

바. 은혜 언약이 부모들뿐 아니라 자녀들까지 포함한다는 사실을 보여 주는 성경 구절들을 찾아봅시다.
(창 15:7, 9–10; 사 59:21; 렘 32:39–40; 마 19:14; 행 2:39; 16:15, 31, 33; 고전 1:16; 7:14)

사. 여기서 경건한 부모들에게 주는 위로를 말하는 이유는 무엇입니까?

18조

선택의 값없는 은혜와 유기의 공의로우신 엄위에 대하여 불평하는 자들에게 우리는 사도와 함께 답한다. "이 사람아 네가 뉘기에 감히 하나님을 힐문하느뇨"(롬 9:20). 그리고 우리 구주의 말씀을 인용한다. "내 것을 가지고 내 뜻대로 할 것이 아니냐 내가 선하므로 네가 악하게 보느냐"(마 20:15). 그러므로 이 신비에 대해 거룩하게 경배하면서 우리는 사도의 말로 외친다. "깊도다 하나님의 지혜와 지식의 부요함이여, 그의 판단은 측량치 못할 것이며 그의 길은 찾지 못할 것이로다. 누가 주의 마음을 알았느뇨. 누가 그의 모사가 되었느뇨. 누가 주께 먼저 드려서 갚으심을 받겠느뇨. 이는 만물이 주에게서 나오고 주로 말미암고 주에게로 돌아감이라. 영광이 그에게 세세에 있으리로다 아멘"(롬 11:33-36).

■ 18조

아. 선택과 유기에 대하여 불평하는 자들에게 성경이 말하는 것은 무엇입니까?

그들에게 필요한 것은 무엇입니까?

자. 선택과 유기에 대한 올바른 자세는 무엇입니까?

핵심 정리

15. 유기의 작정

· 소극적인 면–간과, 적극적인 면–정죄

16. 유기에 대한 세 가지 반응

17. 유아들의 선택과 구원

· 신자들의 자녀들에 대해서 은혜 언약을 통해서 주어지는 위로

18. 선택과 유기에 대한 자세

· 겸손과 경배

· **1614년의 레이든 대학 :** 이곳에서 고마루스와 알미니우스의 논쟁이 시작되었다.
(출처: Academia Leidensis)

2

둘째 교리

그리스도의 죽음과 그로 인한 인간의 구속

요 약

1조 · 2조 · 3조 · 4조 · 5조 · 6조 · 7조 · 8조 · 9조

● 각조의 내용을 읽고 요약해 봅시다.

❶ **1조:** 하나님의 ________가 요구하는 형벌

❷ **2조:** ________께서 이루신 만족

❸ **3조:** 그리스도의 죽음의 무한한 ________

❹ **4조:** 그리스도의 죽음이 무한한 가치를 갖는 ________

❺ **5조:** 복음의 ________ 선포

❻ **6조:** 어떤 이들이 ________ 이유

❼ **7조:** 어떤 이들이 ________ 이유

❽ **8조:** 그리스도의 죽음의 ________

❾ **9조:** 하나님의 계획의 ________

1조

하나님은 지극히 자비로우실 뿐 아니라 또한 지극히 공의로우시다. 그분의 공의는 (그분이 말씀에서 자신을 계시하신 대로) 그분의 무한한 위엄을 거슬러 지은 우리의 죄들을, 현세만이 아닌 영원한 벌로, 몸과 영혼에, 반드시 벌할 것을 요구한다. 하나님의 공의가 만족되지 않으면 우리는 이 벌들을 피할 수 없다.

2조

그러나 우리는 스스로 그 만족을 이루거나 우리 자신을 하나님의 진노에서 건져낼 수 없으므로, 하나님은 그분의 무한한 자비로 자기의 독생자를 우리에게 보증으로 주셨고, 그는 우리를 위하여 만족을 이루시려고 십자가에서 우리를 위하여 그리고 우리를 대신하여 죄와 저주가 되셨다.

■ 2조

가. 그리스도의 죽음은 하나님의 어떠한 성품 혹은 행위로 인해 비롯된 것입니까?

나. 그 죽음의 성격은 무엇입니까? (고후 5:21; 갈 3:13)

3조

하나님의 아들의 이 죽음은 죄에 대한 유일하고 가장 완전한 희생제사이자 만족으로, 무한한 가치와 값어치가 있어서 온 세상의 죄를 속하기에 충분하고도 남는다.

4조

이 죽음이 그렇게 큰 가치와 값어치를 갖는 것은 그것을 겪으신 분이 참되고 완벽하게 거룩한 사람일 뿐 아니라, 성부와 성령과 동일하게 영원하고 무한한 본질을 지닌 하나님의 독생자이시기 때문으로, 이것들은 우리의 구원자가 되기 위해 필요한 것들이다. 또한 이 죽음은 죄로 인해 우리가 마땅히 받아야 할 하나님의 진노와 저주를 겪으시는 것을 수반하기 때문이다.

다. 그리스도의 죽음이 큰 가치를 갖는 이유는 무엇입니까?

5조

더욱이, 복음의 약속은 십자가에 못 박히신 그리스도를 믿는 자마다 멸망하지 않고 영생을 얻는다는 것이다. 이 약속은, 회개하고 믿으라는 명령과 함께 모든 민족과 모든 사람들에게, 즉 하나님께서 그분의 선하신 기쁨에 따라 복음을 보내시는 이들에게 보편적으로 차별 없이 선포되고 공포되어야 한다.

■ 5조

라. 복음이 보편적으로 선포되어야 하는 이유는 무엇입니까?

마. 복음 선포에서 회개의 명령이 있어야 하는 이유는 무엇입니까?

6조

그러나 복음을 통해 부르심을 받은 많은 이들이 회개하지 않고 그리스도를 믿지 않아 불신앙으로 멸망하는데, 이것은 십자가에서 그리스도에 의해서 바쳐진 희생제사에 어떤 흠이나 불충분함이 있기 때문이 아니라, 전적으로 그들 자신의 탓으로 돌려져야 한다.

7조

그러나 참되게 믿고, 그리스도의 죽음을 통해 죄와 멸망에서 건짐을 받고 구원을 받은 사람들에게, 이 혜택은 오직 영원부터 그리스도 안에서 그들에게 주어진 하나님의 은혜로 말미암는데, 하나님은 누구에게도 이 은혜를 빚지지 않으신다.

■ **6조와 7조**

바. 어떤 이들이 믿지 않는 이유와 어떤 이들이 믿는 이유는 각각 무엇입니까?

8조

이는 그분의 아들의 가장 귀한 죽음이 지닌 살리고 구원하는 효력이 그분이 택하신 모든 자들 안에서 역사하여, 그들에게만 의롭다 하심을 얻는 믿음을 주시고, 그로 인하여 그들을 확실히 구원으로 인도하시는 것이 성부 하나님의 주권적인 계획과 가장 은혜로운 뜻과 의도이기 때문이다. 다시 말하면, 하나님의 뜻은 그리스도께서 십자가의 피를 통해(이로써 그가 새 언약을 확증한) 모든 백성과 족속과 나라와 방언으로부터 영원 전에 성부에 의해서 구원으로 택함을 받고 그에게 주어진 모든 사람들을, 그리고 오직 그들만을 효과적으로 구속하시는 것, 그가 그들에게 믿음을 주시는 것(성령의 다른 구원하는 선물들처럼 그가 그들을 위하여 그의 죽음으로 획득하신), 그가 원죄와 자범죄, 믿기 전에 지은 것이든 후에 지은 것이든 그들의 모든 죄로부터 그들을 그의 피로 깨끗하게 하시는 것, 그가 그들을 끝까지 신실하게 지키시는 것, 그가 마침내 그들을 자기 앞에 티나 주름잡힌 것이 없이 영광스럽게 세우시는 것이다.

■ 8조

사. 속죄의 범위는 무엇입니까? (제한 속죄)

아. 속죄의 성격은 무엇입니까? (구속과 그 적용)

9조

택하신 자들에 대한 영원한 사랑에서 나오는 이 계획은 창세로부터 지금까지 힘 있게 이루어졌고, 또한 미래에도 이루어질 것으로 음부의 권세는 헛되이 그것에 대항할 뿐이다. 그 결과 택하신 자들은 그들의 때가 되면 하나로 모아지고, 그리스도의 피 위에 세워진 신자들의 교회는 항상 있을 것인데, 이 교회는, 신랑이 신부를 위해 하듯, 십자가에서 자기를 위해 목숨을 버리신 자기의 구원자를 변함없이 사랑하고, 끊임없이 예배하며, 여기서 그리고 영원토록 그를 찬송한다.

■ 9조

자. 하나님의 구원 계획이 실패 없이 이루어지는 이유는 무엇입니까?

차. 그렇기 때문에 교회가 해야 할 일은 무엇입니까?

핵심 정리

1. 그리스도의 죽음이 왜 필요한가

· 하나님의 공의

2. 그리스도의 죽음의 성격

· 형벌 대속

3. 그리스도의 죽음의 가치

· 완전한 희생제사

4. 그 이유

· 참 사람이면서 동시에 참 하나님이신 그리스도

5. 복음의 선포

· 복음의 약속과 회개와 믿음의 명령

6. 불신의 이유

· 사람 자신

7. 믿음의 이유

· 하나님의 은혜

8. 속죄의 범위와 성격

· 택하신 자들, 구속과 그 적용

9. 하나님의 영원한 사랑에서 비롯된 구원 계획

· **도르트 미니어처** : 도르트 총회 장소는 현재 없어졌으나 그 장소를 기념하기 위해 도르트 대교회당에 총회 장면을 미니어처로 재현해 놓았다.

3

셋째 · 넷째 교리

인간의 부패 및 하나님께로의 회심과 그것이 일어나는 방식 (1)

요 약

1조 · 2조 · 3조 · 4조 · 5조 · 6조 · 7조 · 8조 · 9조

● 각조의 내용을 읽고 요약해 봅시다.

❶ **1조:** 타락의 _______

❷ **2조:** _______의 전달

❸ **3조:** 사람의 전적_______

❹ **4조:** 불충분한 _______의 빛

❺ **5조:** 불충분한 _______

❻ **6조:** _______의 필요

❼ **7조:** 복음이 _______ 사람들에게만 전해지는 이유

❽ **8조:** 복음의 _______ 부름

❾ **9조:** 복음의 사역을 통해 부름을 받은 자들이 _______ 하지 않는 이유

1조

사람은 원래 하나님의 형상대로 지음 받았다. 그의 지성은 자신의 창조자와 영적인 것들에 대한 참되고 건전한 지식으로, 그의 의지와 마음은 의로움으로, 그의 모든 감정은 순수로 갖추어졌다. 실로 전인이 거룩했다. 그러나 마귀의 선동과 자신의 자유의지로 하나님께 반역했을 때, 그는 자신에게서 이 뛰어난 은사들을 박탈했다. 그것들 대신에 오히려 그는 자신에게 그의 지성에는 눈멂, 끔찍한 어둠, 허무, 판단의 왜곡을, 그의 마음과 의지에는 사악함, 반역, 완고함을, 그의 감정에는 불순을 가져왔다.

■ **1조**

가. 타락 전 인간의 상태는 어떤 것입니까?

●무흠한 (중립) 상태
〈 항론파의 오류 〉

거룩함은 "사람이 처음 창조되었을 때 사람의 의지 안에 없었고(거룩함은 인간의 자유의지로 얻는 것이다), 따라서 타락 시에 의지로부터 분리될 수 없다."

타락은 왜 심각한 것입니까?

●부분 타락
〈 항론파의 오류 〉

타락의 결과는 "의지 그 자체는 결코 부패하지 않았고, 단지 지성의 어두움과 감정의 혼잡에 의해 방해를 받을 뿐(자유의지를 행사하는 것이 어려워졌을 뿐)"이다.

2조

사람은 타락 후에 자신과 같은 자녀들을 낳았다. 즉, 부패하였기 때문에 그는 부패한 자녀들을 낳았다. 그러므로 아담의 모든 후손은, 그리스도만을 제외하고 그들의 원 조상에게서, 옛 펠라기우스주의자들이 주장한 대로 모방에 의해서가 아니라, 악한 본성의 전달에 의해서 부패를 얻는다.

3조

그러므로 모든 사람은 죄 가운데 잉태되고, 진노의 자녀들로 태어나고, 구원의 선을 행할 능력이 없고, 악으로 기울어져 있고, 죄 가운데 죽었고, 죄의 노예이다. 성령의 중생하게 하시는 은혜가 없이, 그들은 하나님께로 돌아오거나, 그들의 부패한 본성을 개혁하거나, 자신들을 개혁하게 할 수도 없으며 원하지도 않는다.

■ 2조

나. 펠라기우스주의자들은 어떻게 원죄 교리를 부인합니까?

4조

그러나 사람에게는 타락 후에도 본성의 빛이 희미하게 남아 있어, 그것에 의해서 그는 하나님과 자연의 사물들과 선악의 차이에 대한 얼마간의 지식을 갖고 있고, 덕과 외적 질서에 대한 약간의 열의를 나타낸다. 그러나 이 본성의 빛은 사람을 하나님께 대한 구원하는 지식과 그분께로의 회심으로 이끌 수 없고, 그는 그것을 자연과 사회의 일들에조차 바르게 사용할 수 없다. 대신에, 그는 여러 방법으로 이 빛을 그 정확한 특성이 무엇이든 완전히 왜곡시키고, 그것을 불의로 막는다. 그럼으로써 그는 자신을 하나님 앞에 변명할 수 없게 만든다.

■ 4조

다. 사람이 타락 후에도 항상 모든 가능한 죄들을 다 짓지 않는 이유는 무엇입니까?

5조

본성의 빛에 대한 이러한 진실은 또한 하나님께서 모세를 통해 특별히 유대인들에게 주신 십계명에도 적용된다. 왜냐하면 비록 그것은 죄가 크다는 것을 드러내고, 그로 인해 사람에게 죄를 점점 더 깨닫게 하지만, 치료책을 제시하거나 비참에서 벗어날 힘을 주지 않고, 육신으로 말미암아 연약하여 범죄자를 저주 아래 남겨 두므로, 사람은 이 율법에 의해서 구원하는 은혜를 얻을 수 없다.

6조

그러므로 본성의 빛도 율법도 할 수 없는 것을, 하나님은 성령의 능력으로 말씀이나 화해의 사역을 통해 성취하신다. 이것이 메시아에 관한 복음이고, 이것을 통해 하나님은 새 언약뿐 아니라 옛 언약 아래에서 믿는 자들을 구원하시기를 기뻐하셨다.

■ 4조, 5조

라. 본성의 빛과 율법의 공통점은 무엇입니까?

■ 6조

마. 하나님은 어떻게 믿는 자들을 구원하십니까?

7조

하나님은 그의 뜻의 이 비밀을 구약에서는 적은 수에게만 드러내셨고, 여러 민족들 사이의 구별이 없어진 신약에서는 그가 민족의 어떤 구별도 없이 많은 사람에게 자신을 나타내셨다. 이 차이의 원인은 한 민족이 다른 민족 보다 더 가치가 있거나 그들이 본성의 빛을 더 잘 사용해서가 아니라, 전적으로 하나님의 주권적인 선하신 기쁨과 값없는 사랑의 결과이다. 그러므로 그토록 위대하고 은혜로운 복을, 그들의 공적 이상으로 또는 그들의 결함에도 불구하고 받은 사람들은 겸손하고 감사하는 마음으로 이것을 인정해야 하고, 이 은혜를 받지 못한 사람들에게 나타내신 하나님의 심판의 엄위와 공의를 사도와 함께 찬송해야 하며 호기심으로 캐내려 해서는 안 된다.

■ **7조**

바. 복음이 일부 사람들에게만 전해지는 이유는 무엇입니까?

사. 우리는 복음을 받은 것에 대해 어떤 마음을 가져야 합니까?

8조

복음으로 부름을 받는 사람들은 모두 진지하게 부름을 받는다. 왜냐하면 하나님은 그분의 말씀에서 그분을 기쁘시게 하는 것, 즉 부름을 받은 자들이 그분에게 와야 한다는 것을 진지하고 가장 진실하게 알리시기 때문이다. 또한 그분은 그분에게 와서 믿는 모든 자들에게 영혼의 안식과 영생을 진지하게 약속하신다.

■ 8조

아. 우리는 진지한 부름과 선택과 제한 속죄 교리 사이의 역설을 어떻게 해야 합니까?

9조

복음의 사역을 통해 부름을 받은 자들이 와서 회심하기를 거부하는 것은 복음이나, 그 안에서 제시된 그리스도나, 복음으로 사람들을 부르시고 그들에게 다양한 은사를 주시는 하나님의 잘못이 아니다. 잘못은 그들 자신에게 있다. 그들 중 어떤 이들은 부름을 받았을 때 자신의 위험은 생각하지 않고 생명의 말씀을 거부한다. 다른 이들은 비록 그것을 받아들이지만 그들의 마음에 지속적인 영향을 끼치지 못하게 만든다. 그러므로 단지 일시적 믿음에서 나오는 그들의 기쁨은 곧 사라지고 없어져 버린다. 한편, 다른 이들은 염려의 가시와 세상의 즐거움으로 말씀의 씨앗의 기운을 막아 결실하지 못한다. 우리 구주께서는 이것을 씨 뿌리는 자의 비유로 가르치신다 (마 13장).

■ **9조**

자. 부름을 받은 자들이 회심하지 않는 이유는 누구에게 있습니까?

핵심 정리

1. 타락의 심각한 결과

2. 본성에 의한 부패의 전달

· 원죄 교리

3. 전적 타락

· 무능

4. 불충분한 본성의 빛

5. 불충분한 율법

6. 복음을 통한 구원

7. 복음이 일부 사람들에게만 전해지는 이유

· 하나님의 주권적 은혜

8. 복음의 진지한 부름

9. 부름을 받은 자들이 회심하지 않는 이유

· 씨 뿌리는 자의 비유

· **도르트총회 의장단석**: 중앙에 의장 보거만이 있다.
(Pouwel Weyts의 그림에서)

3

셋째 · 넷째 교리

인간의 부패 및 하나님께로의 회심과 그것이 일어나는 방식 (2)

요 약

10조 · 11조 · 12조 · 13조 · 14조 · 15조 · 16조 · 17조

● 각조의 내용을 읽고 요약해 봅시다.

❶ **10조:** 회심의 ________

❷ **11조:** 회심의 ________

❸ **12조:** ________적 중생

❹ **13조:** ________ 할 수 없는 중생의 방식

❺ **14조:** 하나님의 선물인 ________

❻ **15조:** ________에 대한 합당한 태도

❼ **16조:** 중생의 은혜를 통해 영적으로 살아난 ________

❽ **17조:** 중생의 ________

10조

그러나 복음에 의해서 부름을 받은 다른 사람들이 그 부름에 순종하여 회심하는 것을 자유의지의 적절한 사용 탓으로 돌려서는 안 된다. 자유의지의 적절한 사용에 의해서 사람은, 교만한 펠라기우스 이단이 주장하듯이, 믿음과 회심을 위해 충분한 은혜를 똑같이 제공 받은 다른 사람들로부터 자신을 구별하지 않는다. 오히려 그것은 전적으로 하나님 탓으로 돌려져야 한다. 하나님은 영원부터 그리스도 안에서 자기 백성을 택하신 것처럼, 그들에게 믿음과 회개를 주시고, 그들을 어두움의 권세로부터 건지시고, 그들을 그의 아들의 나라로 옮기신다. 이는 그들로 그들을 어두움에서 불러내어 그의 기이한 빛에 들어가게 하신 분을 찬송하게 하고, 여러 곳에 있는 사도들의 증언대로 그들 자신이 아니라 주를 영화롭게 하기 위함이다.

■ **10조**

가. 회심의 원인은 누구에게 있습니까?

또한 그렇게 하신 목적은 무엇입니까?

11조

그러나 하나님께서 택하신 자들 가운데 그의 선하신 기쁨을 성취하시거나 참된 회심을 그들 가운데 역사하실 때, 그분은 복음이 그들에게 외적으로 설교되고 그의 성령으로 그들의 총명을 능력 있게 밝히셔서 그들로 하나님의 성령의 일을 바르게 이해하고 분별할 수 있게 하실 뿐 아니라, 같은 중생하게 하는 영의 효력에 의해서 사람의 가장 깊은 곳까지 침투하게 하신다. 그분은 닫힌 마음을 여시고, 굳은 마음을 부드럽게 하시며, 할례 받지 않은 마음에 할례를 베푸시고, 새로운 자질을 의지에 주입하시고, 지금까지 죽어 있던 의지를 살리시고, 악하고 불순종하고 완고한 의지를 착하고 순종하고 부드러운 것으로 만드시고, 의지를 움직이시고 강하게 하셔서 그것이 좋은 나무처럼 선행의 열매를 맺게 하신다.

- 11조와 12조에서 중생은 회심과 동일시된다.

  (좁은 의미의 중생)

■ 11조

나. 회심(또는 중생)의 방법은 성령께서 사람의 무엇을 변화시키는 것입니까?

12조

이것이 성경에서 그토록 높여 말하고 새 창조라고 일컫는 중생으로 하나님께서 우리의 도움 없이 우리 안에서 일하시는 죽은 자로부터의 부활, 살리심이다. 그러나 이것은 단지 복음의 외적 설교, 도덕적 설득, 또는 하나님께서 그분의 역할을 하신 후에 중생할지 말지, 회심할지 말지가 사람의 능력에 아직 남아 있는 방식에 의해서 일어나는 것은 결코 아니다. 오히려 이것은 명백히 초자연적인 일로서, 가장 강력하고, 동시에 가장 기쁘고, 놀랍고, 신비하고, 말로 표현할 수 없는 것이고, 이 일을 행하시는 분에 의해서 영감된 성경이 말하는 대로 효력에 있어서 창조나 죽은 자로부터의 부활보다 못하지 않은 것이다. 그래서 하나님께서 그들의 마음에 이런 기이한 방식으로 일하시는 모든 사람은 확실히, 틀림없이, 효과적으로 중생하며 실제로 믿는다. 그 결과 그렇게 새로워진 의지는 하나님에 의해서 움직이고 영향을 받을 뿐 아니라, 이러한 영향의 결과로 그 자체가 활동적이 된다. 이런 이유로 또한 사람 자신이 받은 은혜에 의해서 믿고 회개한다고 말하는 것은 옳다.

■ 12조

다. 중생(또는 회심)의 특성은 무엇입니까?

불가항력적 은혜란 무슨 뜻입니까?

택함 받은 사람은 자신의 의지에 반하여 구원을 받는 것입니까?

13조

이러한 작용 방식은 신자들에 의해서 이 생애에서 충분히 이해될 수 없다. 그럼에도 불구하고 그들은 이 하나님의 은혜로 그들의 구주를 마음으로 믿고 사랑하는 것을 알고 경험하는 것으로 만족하며 안식을 누린다.

14조

그러므로 믿음은 하나님의 선물로 간주되어야 하는데, 하나님께서 그것을 사람에게 그가 좋아하는 대로 받아들이거나 거부하도록 제공하시기 때문이 아니라, 그것이 실제로 주어지고, 불어넣어지고, 사람 안에 주입되기 때문이다. 더욱, 하나님께서 믿을 능력을 부여하신 다음 그 사람이 자신의 자유의지를 행사함으로써 구원의 협약에 동의하고 그리스도를 실제로 믿기 때문이 아니라, 오히려 사람 안에서 소원을 두고 행하도록 일하시며, 모든 것을 모든 사람 가운데서 이루시는 분이 믿으려는 의지와 믿는 행동을 둘 다 만드시기 때문이다.

■ 14조

라. 믿음이 하나님의 선물이라는 말은 무슨 뜻입니까?

(엡 2:8–9; 빌 2:13)

하나님은 믿을 능력을 주시지만, 실제로 믿는 것은 사람이라고 보는 알미니안의 주장은 그 근거가 무엇입니까?

15조

하나님께서는 아무에게도 이 은혜를 베푸실 의무가 없다. 어떻게 그분이 그러한 갚으심의 근거로서 먼저 드린 것이 없는, 아니 자기 것이라고는 죄와 거짓 외에는 아무것도 없는 사람에게 빚지시겠는가? 그러므로 이 은혜를 받는 사람은 하나님께 영원한 감사를 빚지며, 그래서 그분께 영원히 감사한다. 이 은혜를 받지 못하는 사람은 누구나 이러한 영적 은사들에 전혀 관심이 없고 자신의 상태에 만족하거나 위험을 감지하지 못하고 그가 가지지 않은 것을 가진 것으로 헛되이 자랑한다. 외적으로 신앙을 고백하고 삶을 개선하는 사람들에 대해서 우리는 사도의 예를 따라 가장 호의적인 방식으로 그들에 대해 판단하고 말해야 한다. 왜냐하면 마음 속 은밀한 것은 우리에게 알려지지 않기 때문이다. 그리고 아직 부르심을 받지 못한 다른 사람들에 관해서는, 없는 것을 있는 것처럼 부르시는 하나님께 그들을 위해 기도하는 것이 우리의 의무이다. 그러나 우리는 스스로 자신을 구별한 것처럼 결코 그들을 향해서 교만하게 처신해서는 안 된다.

■ 15조

마. 하나님께서 아무에게도 은혜를 베푸실 의무가 없다는 것은 "은혜를 받는 사람"과 "은혜를 받지 못하는 사람"에게 무엇을 의미합니까?

다른 신자들과 구원 받지 못한 사람들에 대해 가져야 할 태도는 무엇입니까?

16조

그러나 사람은 타락에 의해서 총명과 의지가 주어진 사람임을 멈추지 않고, 또한 온 인류에 퍼진 죄가 그에게서 인간의 본성을 박탈하지 않고, 오히려 그에게 부패와 영적 죽음을 가져온 것처럼, 중생의 이 은혜 또한 사람들을 감각 없는 나무나 돌처럼 다루지 않고, 그들의 의지와 그 특성들을 빼앗아 가거나 거기에 강압하지 않고, 오히려 그것을 영적으로 살리고, 치료하고, 바로잡으면서, 동시에 부드럽고 강력하게 굴복시킨다. 그리하여 전에 육적인 반역과 저항이 우세하던 곳에, 기꺼우며 진지한 영적 순종이 다스리기 시작하는데, 여기에 우리 의지의 참되고 영적인 회복과 자유가 있다. 그러므로 모든 선의 경이로우신 창조주께서 우리 안에서 역사하지 않으시면, 자유의지의 남용으로 죄 없는 상태에서 자신을 파멸로 던져 넣었던 사람은 그 자유의지로 그의 타락으로부터 회복할 소망을 가질 수 없을 것이다.

■ 16조

바. 타락한 상태에서 자유의지란 어떤 것입니까?

중생에 의해서 자유의지에는 어떤 변화가 생깁니까?

17조

우리의 자연적 생명을 낳으시고 유지하시는 하나님의 전능하신 사역이 방편의 사용을 배제하지 않고 요구하는데, 이 방편의 사용에 의해서 하나님은 그의 무한한 지혜와 선하심에 따라 그의 권능을 행사하기 원하신 것처럼, 앞에서 언급한 우리를 중생하게 하시는 하나님의 초자연적 역사 또한 가장 지혜로우신 하나님께서 중생의 씨와 영혼의 양식으로 정하신 복음의 사용을 결코 배제하거나 파괴하지 않는다. 그러므로 사도들과 그들을 계승한 교사들이 하나님의 영광과 모든 교만의 낮아짐을 위해 이 하나님의 은혜에 관하여 사람들을 경건하게 가르쳤지만, 그러는 동안에 그들을 복음의 거룩한 교훈으로 말씀과 성례와 권징의 시행 가운데 두기를 소홀히 하지 않은 것처럼, 오늘날에도 가르치는 자나 가르침을 받는 자나 교회에서 하나님께서 선하신 기쁘심으로 가장 밀접하게 결합하신 것을 분리시킴으로써 그분을 시험하려고 해서는 안 된다. 왜냐하면 은혜는 권면을 통해 주어져서, 우리가 우리의 의무를 더욱 기꺼이 행할수록, 우리 안에서 역사하는 하나님의 은택이 대개 더욱 빛을 발하며, 그분의 일이 더욱 곧장 진전되기 때문이다. 방편들과 그것들의 구원하는 열매와 효과로 인한 모든 영광이 그분께만 영원히 있을지어다. 아멘.

■ 17조

사. 하나님께서 중생의 방편으로 사용하시는 것은 무엇입니까?

복음(하나님의 말씀)의 이중 기능은 무엇입니까?

하나님께서 중생의 은혜와 중생의 방편을 결합해 놓으신 것은 우리에게 무엇을 의미합니까?

핵심 정리

10. 회심의 원인

· 하나님

11. 회심의 방법

· 성령에 의한 전 존재의 변화

12. 초자연적 중생

· 불가항력적 은혜

13. 이해할 수 없는 중생의 방식

· 알고 경험하는 중생의 결과

14. 하나님의 선물인 믿음

· 믿을 능력과 믿는 행동

15. 은혜에 대한 합당한 태도

· 영원한 감사

16. 중생의 은혜를 통해 영적으로 살아난 의지

· 선을 행할 능력

17. 중생의 방편

· 복음, 즉 말씀과 성례와 권징의 시행

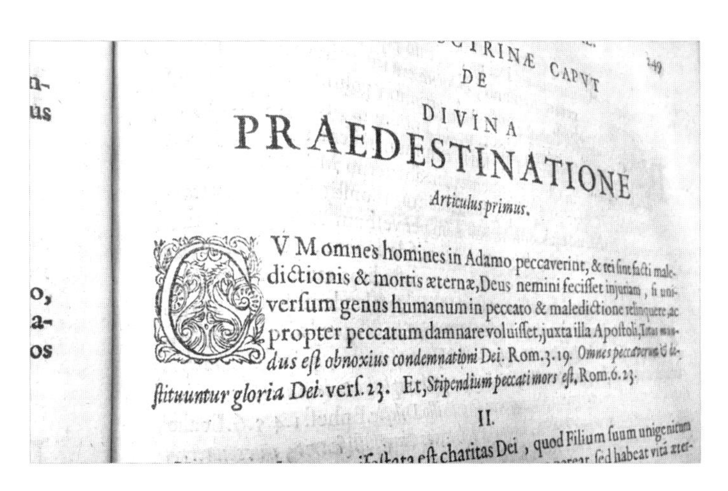

TRINÆ CAPVT 149

DE

DIVINA

PRAEDESTINATIONE

Articulus primus.

CVM omnes homines in Adamo peccaverint, & rei ſint facti maledictionis & mortis æternæ, Deus nemini feciſſet injuriam, ſi univerſum genus humanum in peccato & maledictione relinquere, ac propter peccatum damnare voluiſſet, juxta illa Apoſtoli, *Totus mundus eſt obnoxius condemnationi Dei*. Rom. 3. 19. *Omnes peccaverunt & deſtituuntur gloria Dei*. verſ. 23. Et, *Stipendium peccati mors eſt*, Rom. 6. 23.

II.

... eſt charitas Dei, quod Filium ſuum unigenitum ... ſed habeat vitā æter-

· 도르트 총회 회의록에 첨부된 도르트 신경 첫 장

4

다섯째 교리

성도의 견인 (1)

요 약

1조 · 2조 · 3조 · 4조 · 5조 · 6조 · 7조 · 8조

■ 각조의 내용을 읽고 요약해 봅시다.

❶ **1조:** ______로부터 완전히 자유하지 못한 중생한 사람들

❷ **2조:** _______의 죄로 인해 성도가 가져야 할 자세

❸ **3조:** 하나님에 의한 회심한 사람들의 _______

❹ **4조:** 참된 신자들이 _______에 들 위험

❺ **5조:** 참된 신자들이 지은 죄의 심각한 _______

❻ **6조:** 택하신 자들을 완전히 _______ 않는 하나님

❼ **7조:** 성도들이 견인하는 _______

❽ **8조:** 하나님의 _______에 의한 성도의 견인

1조

하나님께서 그분의 목적대로 그분의 아들 우리 주 예수 그리스도와의 교제로 부르시고, 성령에 의해서 중생하게 하신 자들을, 그분은 또한 이 생애에서 죄의 지배와 노예 상태로부터 건지신다. 하지만 그들이 이 세상에 계속 있는 한 죄의 몸과 육신의 연약함으로부터 완전히 건지시는 것은 아니다.

2조

따라서 연약함의 죄가 매일 솟아나고, 성도의 최선의 행위에도 흠이 있는데, 이것들은 그들에게 하나님 앞에서 자신들을 낮추고, 십자가에 못 박히신 그리스도께로 피하며, 기도의 영과 거룩한 경건의 실천에 의해서 육신을 점점 더 죽이고, 마침내 이 죽음의 몸에서 해방되어 하늘에서 하나님의 어린 양과 함께 다스리게 될 때까지 완전의 목표를 향하여 달려갈 계속적인 이유를 제공한다.

관찰 & 탐구

■ 1조

가. 성도란 어떤 사람입니까?

(하나님께서 그에게 하신 일을 차례대로 말해 봅시다)

■ 2조

나. 연약함의 죄로 인해 성도가 가져야 할 자세를 두 가지로 요약하면 무엇입니까?

3조

내재하는 죄의 이러한 잔재들과 세상과 사탄의 유혹 때문에, 회심한 사람들은 그들 자신의 힘에 남겨진다면 이 은혜에 계속 서 있을 수 없다. 그러나 하나님은 신실하셔서, 그들에게 한 번 주신 은혜 안에서 그들을 자비롭게 확증하시고 그 안에서 끝까지 그들을 능력 있게 보존하신다.

■ 3조

다. 회심한 사람들이 자신의 힘으로 은혜에 계속 서 있을 수 없는 이유는 무엇입니까?

4조

비록 육신의 약함이 참된 신자들을 은혜 안에서 확증하시고 보존하시는 하나님의 능력에 대항하여 이길 수 없지만, 회심한 사람들이 언제나 하나님에 의해서 영향을 받고 감동을 받아 어떤 특정 행동들에서 그들이 그들 자신의 잘못으로 은혜의 인도에서 벗어나 육신의 정욕에 미혹되어 좇을 수 없는 것은 아니다. 그러므로 그들은 시험에 들지 않기 위해 늘 깨어 기도해야 한다. 이것들이 소홀히 될 때, 그들은 사탄과 세상과 육신에 의해서 심각하고 끔찍한 죄에 끌리기 쉬울 뿐 아니라, 때때로 하나님의 공의로우신 허용에 의해서 실제로 이러한 악에 빠진다. 성경에 기록된 다윗과 베드로와 다른 성도들의 슬픈 타락이 이것을 보여준다.

■ 4조

라. 참된 신자들이 은혜에서 떨어질 수 없으나 죄에 빠질 수 있는 가장 중요한 이유는 무엇입니까? (마 26:41)

5조

그런 큰 죄들에 의해서, 그들은 하나님을 아주 성나게 하고, 죽음의 죄책을 지며. 성령을 근심하게 하고, 믿음의 실행을 방해하며, 그들의 양심을 아주 심하게 상하게 하고, 때때로 하나님의 은혜를 한 동안 느끼지 못하게 하는 데, 그들이 진지한 회개의 바른 길로 돌아가서 하나님의 아버지 같은 얼굴빛이 다시 그들에게 비췰 때까지이다.

6조

그러나 자비가 풍성한 하나님은 그분의 변하지 않는 선택의 목적에 따라, 자기 백성에게서, 그들의 슬픈 타락에도 성령을 완전히 거두지 않으신다. 또한 그들이 양자 됨의 은혜와 칭의의 상태를 잃거나, 사망에 이르는 죄나 성령을 거스르는 죄를 범하고 그분에 의해서 완전히 버림받은 자신들을 영원한 멸망에 던져 넣을 만큼 떨어지게 하시지도 않는다.

■ 5조

마. 참된 신자들이 죄에 빠졌을 때 회개가 필요한 이유는 무엇입니까?

■ 6조

바. 하나님께서 택하신 자들을 그들의 타락에도 버리시지 않는 이유는 무엇입니까?

7조

왜냐하면 첫째로 이러한 타락에서도 그분은 그들 안에 중생의 썩지 않을 씨가 사라지거나 완전히 잃어버려지지 않도록 보존하시기 때문이다. 그리고 또 그분의 말씀과 성령으로 확실하고 효과적으로 그들을 새롭게 하여 회개, 즉 그들의 죄에 대한 진실하고 경건한 슬픔에 이르게 함으로써 그들이 중보자의 피 안에서 죄사함을 찾고 얻게 하시며, 화목하게 된 하나님의 은혜를 다시 경험하고, 믿음으로 그분의 자비를 찬송하고, 그 이후부터는 더욱 부지런히 두렵고 떨림으로 자신들의 구원을 이루게 하시기 때문이다.

■ 7조

사. 성도들이 견인하는 두 가지 이유는 무엇입니까?

8조

그래서 그들이 믿음과 은혜에서 완전히 떨어지거나, 타락 가운데 머물러 있다가 마침내 멸망하지 않는 것은 그들 자신의 공로나 힘이 아닌 하나님의 값없는 자비의 결과이다. 그들 자신에 대해서 그것은 가능할 뿐 아니라 의심할 여지 없이 일어날 것이지만, 하나님께 대해서 그것은 절대 불가능하다. 왜냐하면 그분의 계획은 변할 수 없고 그분의 약속은 실패할 수 없으며, 또한 그분의 목적에 따른 부르심이 취소될 수 없고 그리스도의 공로와 중보와 보존이 무효가 될 수 없으며, 성령의 인침이 좌절되거나 지워질 수 없기 때문이다.

■ 8조

아. 성도의 견인 교리가 주는 위로는 무엇입니까?

핵심 정리

1. 죄로부터 완전히 자유하지 못한 중생한 사람들

· 죄의 몸과 육신의 연약함

2. 연약함의 죄로 인해 성도가 가져야 할 자세

· 겸손, 십자가의 용서, 기도와 경건, 완전을 향해 달려감

3. 하나님에 의한 회심한 사람들의 보존

· 하나님의 신실하심

4. 참된 신자들이 시험에 들 위험

· 깨어 기도해야

5. 참된 신자들이 지은 죄의 심각한 결과

· 신자와 하나님 간의 불화

6. 택하신 자들을 완전히 버리시지 않는 하나님

· 변하지 않는 선택의 목적

7. 성도가 견인하는 이유

· 하나님에 의한 중생의 씨의 보존과 회개

8. 하나님의 자비에 의한 성도의 견인

· 성도의 위로

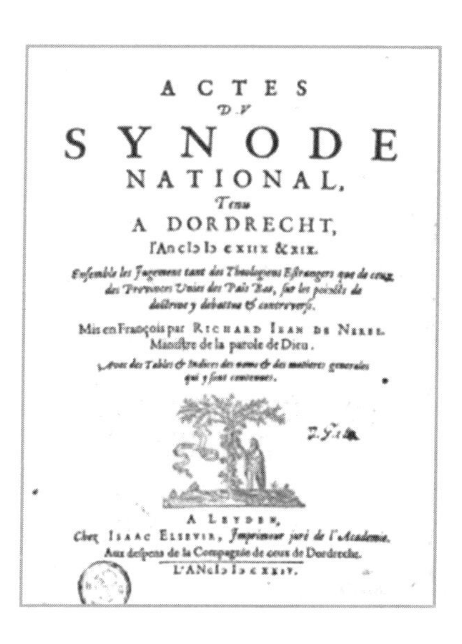

ACTES
DV
SYNODE
NATIONAL,
Tenu
A DORDRECHT,
l'An CIↃ IↃ C XIIX & XIX.

Ensemble les Jugemens tant des Theologiens Estrangers que de ceux des Provinces Unies des Pais Bas, sur les poincts de doctrine y debattus & controversés.

Mis en François par RICHARD IEAN DE NERÉE.
Ministre de la parole de Dieu.

Avec des Tables & Indices des noms & des matieres generales qui y sont contenues.

A LEYDEN,
Chez ISAAC ELSEVIR, *Imprimeur juré de l'Academie.*
Aux despens de la Compagnie de ceux de Dordrecht.
L'AN CIↃ IↃ C XXIV.

· 도르트 신경 초판 표지

4

다섯째 교리

성도의 견인 (2)

요 약

9조 · 10조 · 11조 · 12조 · 13조 · 14조 · 15조

■ 각조의 내용을 읽고 요약해 봅시다.

❶ **9조:** 견인의 ________

❷ **10조:** 확신의 ________

❸ **11조:** ________과 확신의 회복

❹ **12조:** 견인의 확신이 주는 ________

❺ **13조:** ________ 견인의 확신이 주는 유익

❻ **14조:** 견인의 ________

❼ **15조:** 성도의 견인 교리에 대한 세상과 ________의 태도

9조

이렇게 택하신 자들을 구원으로 보존하시는 것과 참된 신자들이 믿음 안에서 견인하는 것에 대해서 그들은 스스로 자기 믿음의 분량에 따라 확신을 얻을 수 있고, 얻는다. 그 믿음에 의해서 그들은 자신들이 언제나 교회의 참되고 살아 있는 지제들로 계속 남을 것과 죄 사함과 영생을 가지고 있음을 굳게 믿는다.

■ **9조**

가. 신자는 무엇으로 견인의 확신을 얻습니까?

확신은 구원에 필수적입니까?

10조

따라서 이 확신은 말씀을 넘어서나 말씀 밖에서 어떤 사적인 계시로부터 생기는 것이 아니고, 하나님께서 우리의 위로를 위해 그분의 말씀에서 아주 풍성하게 계시하신 그분의 약속들에 대한 믿음과 우리 영으로 더불어 우리가 하나님의 자녀이며 상속자인 것을 증거하시는 성령의 증거(롬 8:16-17)와 마지막으로 깨끗한 양심과 선한 일에 대한 진지하고 거룩한 추구로부터 생긴다. 만일 하나님의 택하신 자들이 마침내 승리할 것이라는 견고한 위로와 영원한 영광에 대한 틀림없는 보증을 이 세상에서 박탈당한다면, 그들은 모든 사람 가운데 가장 비참한 자일 것이다.

■ **10조**

나. 확신의 근거는 무엇입니까?

11조

한편 성경은 신자들이 이 세상에서 육신의 다양한 의심들과 맞서 싸워야 하며, 심각한 시험 아래서 그들은 믿음의 이 충만한 확신과 견인의 확실함을 언제나 느끼는 것은 아니라고 증거한다. 그러나 모든 위로의 아버지이신 하나님은 그들이 감당치 못할 시험 당함을 허락지 아니하시고 시험 당할 즈음에 또한 피할 길을 내신다(고전 10:13). 그리고 성령에 의해서 그들의 견인에 대한 확신을 그들 안에 다시 일으키신다.

12조

그러나 이 견인의 확신은 참된 신자들을 거만하거나 육신적으로 안일하게 하지 않고, 오히려 겸손, 어린애 같은 공경, 진정한 경건, 모든 싸움에서의 인내, 열렬한 기도, 십자가를 지고 진리를 고백함에서 굳건함, 하나님 안에서의 견고한 기쁨 등의 참된 근원이다. 이 유익에 대해 생각하는 것은, 성경의 증거들과 성도들의 예에서 나타나듯이, 진지하고 꾸준한 감사와 선행을 자극한다.

■ 11조

다. 신자들은 왜 의심하게 됩니까?

다시 확신을 얻는 길은 무엇입니까?

■ 12조

라. 견인의 확신이 주는 유익은 무엇입니까?

13조

또한 새로워진 견인의 확신은 타락에서 회복된 자들에게 방종이나 경건에 대한 무시를 낳지 않고, 오히려 주께서 예비하신 주의 길을 주의 깊게 지키려는 더 큰 관심을 낳는다. 그들은 그 길로 행함으로써 자신들의 견인에 대한 확신을 계속 유지하기 위해 그 길을 지킨다. 그래서 그들은 그분의 어버지로서의 선하심을 남용함으로써 은혜로운 하나님의 얼굴(경건한 자에게는 그의 얼굴을 바라봄이 생명보다 더 달지만, 그것을 거두심은 죽음보다 더 쓰다)을 다시 그들에게서 돌리시고, 그 결과 그들이 더 큰 영혼의 고통에 떨어지지 않도록 한다.

14조

하나님은 복음의 선포로써 이 은혜의 사역을 우리 안에 시작하시기를 기뻐하셨던 것처럼, 그분은 그분의 말씀을 듣고 읽음으로써, 그것을 묵상함으로써, 말씀의 권고들과 위협들과 약속들로써, 뿐만 아니라 성례의 사용으로써 그 사역을 보존하시고, 지속하시고, 완성하신다.

■ 13조

마. 새로워진 견인의 확신이 타락에서 회복된 자들에게 방종이나 경건에 대한 무시를 낳지 않는 이유는 무엇입니까?

■ 14조

바. 견인의 방편은 무엇입니까?

15조

하나님은 참된 신자들과 성도들의 견인과 그것의 확신 교리를 그분의 이름의 영광과 경건한 영혼들의 위로를 위하여 그분의 말씀 안에 지극히 풍성하게 계시하셨고, 신실한 자들의 마음에 새기시는데, 그것을 육적인 마음은 이해할 수 없고, 사탄은 혐오하고, 세상은 조롱하고, 무지한 자들과 위선자들은 남용하고, 이단들은 대적한다. 그러나 그리스도의 신부는 그것을 헤아릴 수 없는 보화로서 언제나 지극한 애정으로 사랑하고 변함없이 변호해 왔다. 그리고 어떤 계략도 힘도 이길 수 없는 하나님은 그 신부가 이 일을 끝까지 계속하게 하실 것이다. 이제, 이러한 한 분 하나님, 성부, 성자, 성령께 존귀와 영광이 영원히 있을지어다. 아멘.

■ 15조

사. 성도의 견인과 견인의 확신 교리는 무엇을 위한 것입니까?

하나님은 어떻게 이 교리를 전하십니까?

핵심 정리

9. 견인의 확신

· 하나님의 보존과 신자의 견인

10. 확신의 근거

· 약속에 대한 믿음, 성령의 증거, 선행의 추구

11. 의심과 확신의 회복

· 심각한 시험에 의한 의심, 하나님에 의한 확신의 회복

12. 견인의 확신이 주는 유익

· 겸손, 공경, 경건, 인내, 기도, 굳건함, 기쁨

13. 새로워진 견인의 확신이 주는 유익

· 주의 길을 주의 깊게 지키려는 더 큰 관심

14. 견인의 방편

· 말씀과 성례

15. 성도의 견인 교리에 대한 세상과 교회의 태도

· 혐오와 조롱, 사랑과 변호

· 도르트 총회

ACTES
DU
SYNODE NATIONAL,
Tenu
A DORDRECHT,
l'An CIↃ IↃ C XIIX & XIX.

Ensemble les Jugemens tant des Theologiens Estrangers que de ceux des Provinces Unies des Pais Bas, sur les poincts de doctrine y debattus & controversez.

Mis en François par RICHARD IEAN DE NEREE. Ministre de la parole de Dieu.

Avec des Tables & Indices des noms & des matieres generales qui y sont contenues.

A LEYDEN,
Chez ISAAC ELSEVIR, *Imprimeur juré de l'Academie.*
Aux despens de la Compagnie de ceux de Dordrecht.
L'AN CIↃ IↃ C XXIV.

| 배경 그림 : 도르트 신경 초판 표지 |

부록

·

해답

1. 첫째 교리

• 하나님의 선택과 유기(1) (1~6조)

■ 요약

① 죄

② 영생

③ 믿음

④ 진노, 영생

⑤ 원인

⑥ 선택, 유기

■ 관찰 & 탐구

가. 1조: 인간의 죄와 멸망.

나. 9, 1~3.

다. 모든(모두, 온)과 죄, 하나님 앞에서 자신의 상태를 깨닫는 것.

라. 아담의 죄책과 오염.

마. 2조: 죄인 스스로 구원에 이를 수 없으므로 하나님께서 죄인을 구원하심.

바. 3조: 그분이 원하시는 사람들에게, 그분이 기뻐하시는 때에

사. 4조 : 불신과 믿음, 진노와 영생.

아. 5조 : 사람, 하나님

자. 선택과 유기의 작정, 예정.

차. 6조 : 은혜롭게-그분의 공의로우신 심판에서, 은혜는 우리의 상태에 좌우되지 않으므로 확신을 준다.

• 하나님의 선택과 유기(2) (7~14조)

■ 요약

① 구원

② 하나

③ 원인

④ 결과

⑤ 변하지 않는

⑥ 열매들, 확신

⑦ 유익

⑧ 교회

가. 7조 : 창세 전에 주권적 선하신 기쁘심에 따라 일정한 수의 특정한 사람들을 그리스도 안에서 구원으로 택하신 하나님의 변하지 않는 목적.

나. 그리스도 안에서 구원의 모든 것을 얻도록 작정하셨다(그리스도는 구원의 기초이자 근원이다).

다. 9조 : 결과(열매).

라. 10조 : 기쁘심, 믿음, 사람들.

마. 11조 : 하나님.

바. 12조 : 가능, 때와 정도와 방법.

사. 성경이 말하는 선택의 열매들을 관찰함으로써.

아. 13조 : 겸비, 찬송, 정결, 사랑.

자. 14조 : 분별의 영으로, 경건하고 거룩한 방식으로, 적절한 때와 장소에서, 하나님의 영광과 교회의 위로를 위하여.

차. 인간의 모든 공로를 제거하고 하나님께서 모든 복의 근원이심을 드러냄으로써, 구원은 인간에게 달린 것이 아니라 하나님 안에 그 이유가 있는 것임을 드러냄으로써.

• 하나님의 선택과 유기(3) (15~18조)

■ 요약

① 유기

② 반응

③ 유아들

④ 자세

■ 관찰 & 탐구

가. 15조 : "세우신"(살전 5:9), "정하신"(벧전 2:8), "기록된"(유 4), "세웠으니"(롬 9:17-18).

나. 소극적인 면- "하나님께서는 그들을 그분의 주권적이시고 가장 공의로우시고 흠잡을 데 없으시고 변하지 않으시는 선하신 기쁘심에서 스스로 자신들을 던져 넣은 공통의 비참 가운데 남겨 두시기로, 그리고 그들에게 구원하는 믿음과 회심의 은혜를 베푸시지 않기로"(간과), 적극적인 면-"그러나 그분의 공의로우신 심판에 의해서 그들이 그들 자신의 길을 따르도록 허용함으로써 마침내 그분의 공의의 선포를 위해서 그들의 불신 때문만이 아니라 그들의 다른 모든 죄 때문에 그들을 정죄하고 영원히 멸하기로"(정죄).

다. 16조 : "그리스도에 대한 살아 있는 믿음, 영혼의 확고한 확신, 양심의 평안, 자녀로서 순종하려는 진지한 노력, 그리스도를 통하여 하나님께 영광을 돌리는 것 등이 그들 안에서 효과적으로 이루어진 것을 아직 경험하지 못했지만, 그런데도 하나님께서 이러한 은혜들을 우리 안에서 역사하시기 위하여 정하신 수단들을 계속해서 사용하는 사람들." "하나님께로 돌아오고, 그분만을 기쁘시게 하며, 사망의 몸에서 건짐 받기를 진정으로 바라지만, 아직 그들이 갈망하는 거룩함과 믿음의 정도에 이를 수 없는 사람들." "하나님과 구주 예수 그리스도와 상관없이 자신들을 세상의 염려와 육신의 즐거움에 전적으로 내어 주는 사람들."

라. 수단들을 계속해서 부지런히 사용하며, 간절한 바람으로 풍성한 은혜의 때를 경건하고 겸손하게 기다릴 것, 꺼져가는 등불을 끄지 않고 상한 갈대를 꺾지 않겠다고 하신 약속을 의지할 것, 진정으로 하나님께로 돌이킬 것.

마. 17조 : 성경이 신자들의 자녀들에 대해서만 말하기 때문, 하나님의 판단에 맡겨 드려야 함.

바. 성경구절

사. 경건한 부모들은 자녀들의 구원 문제를 진지하게 생각하기 때문에 그들에게 위로가 필요함.

아. 18조 : 인간은 하나님께 반론을 제기할 권리가 없음, 겸손.

자. 경배

2. 둘째 교리

• 그리스도의 죽음과 그로 인한 인간의 구속 (1-9조)

■ 요약

① 공의

② 그리스도

③ 가치

④ 이유

⑤ 보편적

⑥ 믿지 않는

⑦ 믿는

⑧ 효력

⑨ 성취

■ 관찰 & 탐구

가. 2조 : 하나님의 무한한 자비.

나. 형벌 대속(대신하여 형벌을 받음).

다. 그리스도는 참 사람--참되고 완벽하게 거룩한 사람--일뿐 아니라 참 하나님--성부와 성령과 동일한 본질을 가지신 하나님의 독생자--이시기 때문.

라. 5조 : 복음의 약속은 십자가에 못 박히신 그리스도를 믿는 자마다 멸망하지 않고 영생을 얻는다는 것이기 때문.

마. 회개 없이는 복음이 제시하는 그리스도를 참으로 믿을 수 없기 때문.

바. 6조와 7조 : 믿지 않는 이유-사람 자신, 믿는 이유-하나님의 은혜

사. 8조 : 택하신 자들.

아. 속죄는 구속(구원의 획득)뿐 아니라 그 적용(구원의 적용)까지 포함한다(알미니안은 구원의 적용은 포함시키지 않는다).

자. 9조 : 그 계획이 하나님의 영원한 사랑에서 나오기 때문.

차. 자기의 구원자를 변함없이 사랑하고, 끊임없이 예배하며, 여기서 그리고 영원토록 그를 찬송하는 것.

3. 셋째 · 넷째 교리

• 인간의 부패 및 하나님께로의 회심과 그것이 일어나는 방식(1) (1~9조)

■ 요약

① 결과

② 부패

③ 타락(무능)

④ 본성

⑤ 율법

⑥ 복음

⑦ 일부

⑧ 진지한

⑨ 회심

■ 관찰 & 탐구

가. 1조 : 전인의 거룩.

인간의 지성과 의지와 감정이 다 영향을 받았기 때문(아담이 거룩한 상태에서 하나님께 반역하는 것은 자신의 본성을 거스르는 것이다).

나. 2조 : 죄는 행동일 뿐 본성과 무관하여 아담과 그 후손들 사이에 어떤 연결이 존재하지 않는다(인간의 본성은 선하여 선악을 선택할 자유의지가 있다).

다. 4조 : 희미하지만, 본성의 빛이 남아 있기 때문.

라. 4조, 5조 : 구원에 이르게 할 수 없음.

마. 6조 : 성령의 능력으로 말씀(복음)을 통해서.

바. 7조 : 하나님의 주권적인 선하신 기쁨과 값없는 사랑.

사. 겸손하고 감사하는 마음.

아. 8조 : 합리적 해결을 피하고 성경의 역설을 수용해야 한다.

자. 9조 : 그들 자신.

• 인간의 부패 및 하나님께로의 회심과 그것이 일어나는 방식(2) (10~17조)

■ 요약

① 원인

② 방법

③ 초자연

④ 이해

⑤ 믿음

⑥ 은혜

⑦ 의지

⑧ 방편

■ 관찰 & 탐구

가. 10조 : 하나님.

하나님을 찬송하고 주를 영화롭게 하기 위함.

나. 11조 : 전 존재, 즉 총명(생각), 마음(정서), 의지.

다. 12조 : "초자연적인 일로서, 가장 강력하고, 동시에 가장 기쁘고, 놀랍고, 신비하고, 말로 표현할 수 없는 것이고 … 효력에 있어서 창조나 죽은 자로부터의 부활보다 못하지 않은 것." 본성상 모든 사람은 은혜에 저항하지만, 택함 받은 사람에게서 은혜가 저항을 압도하는 것. 택함 받은 사람은 중생의 결과로 그 의지가 새롭게 되어 자신의 구원에 능동적으로 참여한다.

라. 14조 : 하나님께서 믿음을 제공하실 뿐 아니라 실제로 주신다는 것(하나님께서 믿을 능력 또는 의지뿐 아니라 믿는 행동도 만드신다는 것)

사람의 의지는 부패하지 않았다는 것(부분적 타락).

마. 15조 : "은혜를 받는 사람"은 하나님께 감사해야 하며, "은

혜를 받지 못한 사람"은 공평하지 않음을 불평할 수 없다.

다른 신자들에 대해서는 그들의 구원을 위해 기도하고 그들을 향해서 교만하게 처신해서는 안 된다.

바. 16조 : 선이나 악을 행할 자유는 그대로 있으나 악을 행할 능력만 남아 있는 것.

타락 이전의 상태와 같이 선을 행할 능력이 회복된다.

사. 17조 : 복음(말씀과 성례와 권징의 시행).

중생의 씨와 영혼의 양식.

중생의 은혜를 베푸시는 하나님의 주권과 중생의 방편을 사용할 우리의 책임을 둘 다 강조해야 함.

2. 다섯째 교리

• 성도의 견인(1) (1~8조)

■ 요약

① 죄

② 연약함

③ 보존

④ 시험

⑤ 결과

⑥ 버리시지

⑦ 이유

⑧ 자비

■ 관찰 & 탐구

가. 1조 : 하나님께서 그분의 목적대로 부르시고(선택), 그분의 아들 우리 주 예수 그리스도와의 교제로(구속), 성령에 의해서 중생하게 하셔서 죄의 지배와 노예 상태로부터 건지셨지만 죄의 몸과 육신의 연약함으로부터 완전히 건지시지 않은(중생) 자.

나. 2조 : (지은 죄에 대해서) 겸손과 그리스도의 피로 인한 용서를 다시 의지함, (지을 죄에 대해서) 기도와 거룩한 경건의 실천 및 완전의 목표를 향하여 달려감.

다. 3조 : 내재하는 죄의 이러한 잔재들(육신)과 세상과 사탄의 유혹 때문.

라. 4조 : 늘 깨어 기도하기를 소홀히 하는 것.

마. 5조 : 하나님을 아주 성나게 하고, 죽음의 죄책을 지며, 성령을 근심하게 하고, 믿음의 실행을 방해하며, 그들의 양심을 아주 심하게 상하게 하고, 때때로 하나님의 은혜를 한 동안 느끼지 못하게 하는 상태로부터의 회복.

바. 6조 : 하나님의 변하지 않는 선택의 목적 때문.

사. 7조 : 하나님께서 그들 안에 중생의 씨를 보존하시고, 그분의 말씀과 성령으로 그들을 새롭게 하여 회개에 이르게 하시기 때문.

아. 8조 : 삼위 하나님에 의한 성도의 견인은 확실하다(왜냐하면 하나님의 계획은 변할 수 없고 그분의 약속은 실패할 수 없으며, 또한 그분의 목적에 따른 부르심이 취소될 수 없고 그리스도의 공로와 중보와 보존이 무효가 될 수 없으며, 성령의 인침이 좌절되거나 지워질 수 없기 때문이다).

• 성도의 견인(2) (9~15조)

■ 요약

① 확신

② 근거

③ 의심

④ 유익

⑤ 새로워진

⑥ 방편

⑦ 교회

■ **관찰 & 탐구**

가. 9조 : 믿음.

필수적이 아니다.

나. 10조 : 하나님의 약속들에 대한 믿음과 성령의 증거와 깨끗한 양심과 선한 일에 대한 진지하고 거룩한 추구.

다. 11조 : 심각한 시험 때문.

감당치 못할 시험 당함을 허락지 아니하시고 시험 당할 즈음에 또한 피할 길을 내시는 하나님께서 성령에 의해서 확신을 다시 일으키시는 것.

라. 12조 : 겸손, 어린애 같은 공경, 진정한 경건, 모든 싸움에서의 인내, 열렬한 기도, 십자가를 지고 진리를 고백함에서 굳건함, 하나님 안에서의 견고한 기쁨.

마. 13조 : 하나님께서 은혜로운 그분의 얼굴을 돌리심으로써 자신들이 떨어질 영혼의 고통을 알기 때문(하나님의 호의를 잃게 될 경우 자신들이 겪게 될 영혼의 고통을 알기 때문).

바. 14조 : 말씀(권고들과 위협들과 약속들)과 성례.

사. 15조 : 하나님의 이름의 영광과 경건한 영혼들의 위로.

성령을 통해 하나님의 말씀 안에 계시하셨고 성령을 통해 신실한 자들의 마음에 새기심으로써.

Note

Note